Worte für die Seele

Worte
für die Seele

*Herausgegeben
von
Christian Leven*

Herder
Freiburg · Basel · Wien

Sonderband der Worte-Reihe

Alle Rechte vorbehalten – Printed in Germany
©Verlag Herder Freiburg im Breisgau 2001
Gedruckt auf umweltfreundlichem,
chlorfrei gebleichtem Papier
Herstellung: Freiburger Graphische Betriebe 2001
ISBN 3-451-27506-6

Inhalt

I

Werde, was du bist

Am Anfang des Wegs

WER EIN ZIEL WILL, darf den Weg nicht scheuen, er sei glatt oder rauh.

Theodor Fontane

Das Wichtigste in der Welt ist nach meiner Meinung die Erziehung; denn wenn man irgendeine Sache recht angefangen hat, so ist es wahrscheinlich, daß sie auch ein rechtes Ende nehme. Wie der Same ist, den man in die Erde sät, so ist auch die Ernte, die man erwarten darf. Wenn man in eine junge Seele edle Bildung sät, dann sproßt das und blüht das ganze Leben hindurch, und weder Regen noch Dürre kann es vernichten.

Antiphon

Alle Erziehung fängt mit Arbeit an. Was wir denken, was wir wissen, was wir glauben ist schließlich nicht sehr wichtig. Das einzig Wichtige ist, was wir *tun*; und für Mann, Frau und Kind ist die erste Stufe der Erziehung, daß man sie veranlaßt, ihr Bestes zu tun. Es ist das Gesetz aller guten Wirtschaft, daß man aus allem das Beste macht. Wieviel mehr gilt es, aus jedem Geschöpf das Beste zu machen.

John Ruskin

Zwei Regeln möchte ich für die Erziehung nennen: Man muß selbst nicht nur ein gutes Leben führen, sondern an sich arbeiten, sich ständig vervollkommnen, und man darf vor den Kindern nichts aus dem eigenen Leben verbergen. Es ist besser, die Kinder wissen von den Schwächen ihrer Eltern, als daß sie spüren, ihre Eltern führen ein Leben, das sie vor ihnen verbergen, und eines, das sie ihnen zeigen. Alle Schwierigkeiten bei der Erziehung ergeben sich daraus, daß die Eltern sich nicht bemühen, ihre eigenen Fehler abzulegen, ja sie nicht einmal als Fehler anerkennen, sie zu rechtfertigen suchen, und diese Fehler daher bei ihren Kindern nicht sehen wollen. Hierin liegt die ganze Schwierigkeit und der ganze Kampf mit den Kindern. Kinder sind, was Sittlichkeit anlangt, weit scharfsinniger als Erwachsene und sehen – häufig ohne dies zu erkennen zu geben oder sich dessen auch nur bewußt zu werden – nicht nur die Mängel der Eltern, sondern auch den schlimmsten aller Mängel – die Heuchelei der Eltern, und sie verlieren die Achtung vor ihnen und das Interesse für alle ihre Belehrungen. Heuchelei der Eltern bei der Erziehung der Kinder ist eine höchst alltägliche Erscheinung, und Kinder sind feinfühlig, bemerken sie sofort, werden abgestoßen und leiden sittlichen

Schaden. Wahrheit ist die erste, die wichtigste Voraussetzung für Wirksamkeit geistiger Beeinflussung, daher ist sie die erste Voraussetzung der Erziehung. Und damit man sich nicht davor fürchten muß, den Kindern die ganze Wahrheit des eigenen Lebens zu zeigen, muß man dafür sorgen, daß das eigene Leben gut oder zumindest weniger schlecht ist. Daher ist die Erziehung anderer eingeschlossen in unsere Selbsterziehung, und etwas anderes ist nicht erforderlich.   *Lew Nikolajewitsch Tolstoi*

Fortwährend schreibt man über Erziehung, und die Werke über dieses Thema haben ein paar gute Gedanken aufgestellt; ein paar tüchtige Methoden haben im einzelnen Gutes gestiftet. Doch was helfen diese Schriften im ganzen, solange man nicht gleichzeitig Gesetzgebung, Religion und öffentliche Meinung verbessert? Denn die Erziehung hat keine andre Aufgabe, als den Geist der Kindheit auf diesen drei Gebieten dem öffentlichen anzupassen. Wie soll man unterrichten, solange diese drei Gebiete feindlich voneinander geschieden sind? Erziehen kann dann nur heißen: unwillkürlich dem Kind die Augen öffnen für den Widersinn von Meinungen oder Sitten, die den Stempel der heiligen, öffentlichen oder gesetzgeberischen Autorität tragen, und das heißt, das Kind die Verachtung all dessen lehren.

Nicolas Chamfort

Langsam selber auf eigene Erfahrungen kommen ist besser, als schnell Wahrheiten, die andre Leute einsehn, durch Auswendiglernen ins Gedächtnis bringen, und, mit Worten gesättigt, den freien, aufmerksamen und forschenden Beobachtungsgeist seines eignen Kopfs verlieren.

Johann Heinrich Pestalozzi

Jedes Kind sollte an seinem eigenen Maßstab gemessen, zu seiner eigenen Pflicht angehalten und durch sein gerechtes Lob belohnt werden. Die Anstrengung verdient Lob, nicht der Erfolg. Es ist für keinen Schüler die Frage, ob er klüger oder dümmer ist als andere, sondern ob er mit den ihm verliehenen Gaben sein Bestes getan hat. Die Verrücktheit des modernen Einpauk- und Prüfungssystems entsteht hauptsächlich aus dem Kampf um einträgliche Stellen.

John Ruskin

Für die Übung in der Tugend braucht es keine
Übungen; die Übungen sind das Leben.

Lew Nikolajewitsch Tolstoi

Wenn du gerne lernst, wirst du auch viel lernen.
Was du gelernt hast, erhalte dir durch Übung.

Isokrates

Alle reinen Segenskräfte der Menschheit sind nicht
Gaben der Kunst und des Zufalls. Im Innern der
Natur aller Menschen liegen sie mit ihren Grund-
anlagen.

Auch wird der Mensch durch die Natur jeder
dieser Kräfte in sich selbst angetrieben, sie zu gebrauchen. Das Auge will sehen, das Ohr will hören, der Fuß will gehen, und die Hand will greifen. Aber ebenso will das Herz glauben; der Geist
will denken. Es liegt in jeder Anlage der Menschennatur ein Trieb, sich aus dem Zustande ihrer Unbe-
lebtheit und Ungewandtheit zur gebildeten Kraft
zu erheben, die unausgebildet nur als ein Keim der
Kraft und nicht als die Kraft selbst in uns liegt.

Johann Heinrich Pestalozzi

Wenn der Mensch in Bewegung ist, so ersinnt er sich immer ein Ziel dieser Bewegung. Um tausend Werst zu gehen, muß sich der Mensch notwendig vorstellen, daß am Ende dieser tausend Werst sich etwas Gutes befinde. Man muß die Vorstellung von einem gelobten Land haben, um die Kraft zu besitzen, die Bewegung fortzusetzen.

Lew Nikolajewitsch Tolstoi

Ein gewöhnlicher Verstand ist wie ein schlechter Jagdhund, der die Fährte eines Gedankens schnell annimmt und schnell wieder verliert; ein außerordentlicher Verstand ist wie ein Leithund, der unbeirrbar fest auf der Fährte bleibt, bis er das Lebendige ereilt hat.

Hugo von Hofmannsthal

Erfahrung ohne Begriffe ist blind, Begriffe ohne Erfahrung sind leer.

Immanuel Kant

Die Jugend ist so stark, als sie sich ahnt, und zugleich so zart und schwach, als sie sich gebärdet; das ist das Zweideutige an ihr und das Dämonische.

Hugo von Hofmannsthal

Der Meister sprach: »Lernen und nicht denken ist nichtig. Denken und nicht lernen ist ermüdend.«

Kungfutse

In der Jugend sind alle Kräfte der Seele auf die Zukunft gerichtet, und diese Zukunft nimmt unter dem Einfluß eines Hoffens, das sich nicht auf der Erfahrung der Vergangenheit, sondern auf der vorgestellten Möglichkeit des Glückes aufbaut, so mannigfaltige, lebensvolle, verführerische Formen an, daß schon die Geburt dieser Träume und ihrer Mitteilung an andere das wahre Glück dieses Lebensalters bildet.

Lew Nikolajewitsch Tolstoi

Du mußt das sein, was du geistig am meisten lebst. Beugst du dich im Geiste vor dem Talent anderer, schüchtert der großartigere Stil ihrer Lebensführung dich ein, erniedrigst du dich vor ihrem anmaßenden Wesen bis zu einer Art ersterbenwollender Demut und begibst du dich so in jene sündige Selbst-Unterschätzung, die immer sagt: »Ich könnte ja niemals dort oben stehen!« dann richtest du selbst die Schranken auf, die dich hindern, dorthin zu gelangen.

Prentice Mulford

Wo der Wille nur erwacht, dort ist schon fast etwas
erreicht. *Hugo von Hofmannsthal*

Ein Gedanke hat genau so viel Wirkungskraft, als
Verlangen in ihn gelegt wurde. *Prentice Mulford*

Ein leichtsinniger junger Mann versuchte, seine
vielen Versehen und Mißerfolge und die beschä-
mende und schlechte Rolle, die er in der Gesellschaft und in der Welt oft gespielt hatte, zu ent-
schuldigen, und wiederholte, das Leben sei eben
eine Komödie. Dem entgegnete Herr X., auch im
Theater sei es vorteilhafter, beklatscht, als ausge-
pfiffen zu werden; und ein Schauspieler, der sein
Handwerk nicht verstehe, werde schließlich Hun-
gers sterben. *Giacomo Leopardi*

Seine vorherrschende Fähigkeit kennen, sein her-
vorstechendes Talent; sodann dieses ausbilden und
den übrigen nachhelfen. Jeder wäre in irgend etwas ausgezeichnet geworden, hätte er seinen Vorzug
gekannt. Man beachte also seine überwiegende Eigenschaft und verwende auf diese allen Fleiß. Bei

einigen ist der Verstand, bei andern die Tapferkeit vorherrschend. Die meisten tun aber ihren Natur-gaben Gewalt an und bringen es deshalb in nichts zur Überlegenheit. Das, was anfangs der Leiden-schaft schmeichelte, wird von der Zeit zu spät als Irrtum aufgedeckt.   *Baltasar Gracián*

Sei nicht überängstlich, wenn du in einer Kunst oder in einem Berufe nicht so schnell vorwärts-kommst wie du es wünschest. Sei nicht gequälten, unruhigen Geistes, wenn Versuch um Versuch fehl-schlägt. Keine Übereilung! Fühlst du dich in der Stimmung von Hast und Erregtheit – halt inne! Denn das ist nicht die Stimmung, in der etwas zu lernen ist, – das ist die Stimmung, in der Kraft ver-geudet wird!

Du kannst alles erlernen, wenn dein Geist ausdauernd und beharrlich einem Ziele zustrebt. Warte ruhig! Die Kunst kommt zu dir!

Prentice Mulford

Bedenke, daß du dich im Leben wie bei einem Gastmahl verhalten mußt. Es wird etwas herumge-reicht und kommt an dich: Dann strecke deine Hand aus und nimmt davon bescheiden. Es geht

etwas an dir vorbei: Dann suche es nicht zurückzu-
halten. Es ist etwas noch nicht an dich gekommen:
Dann trachte nicht weiter darnach, sondern warte,
bis es zu dir gelangt. So mußt du dich in Hinsicht
auf Weib und Kind, auf Ämter und Reichtum benehmen: Dann wirst du einmal ein würdiger Tischgenosse der Götter sein. Wenn du aber sogar von
dem, was dir angeboten wird, nichts nimmst, sondern darauf verzichtest, dann wirst du nicht nur ein
Tischgenosse der Götter sein, sondern auch mit ihnen herrschen. So machten es Diogenes und He-
rakleitos und ihresgleichen, und daher waren und
hießen sie mit Recht göttlich.   *Epiktet*

Der Mensch, das Meisterstück der Schöpfung, sollte
auch das Meisterstück seiner selbst, das Meisterstück seiner Kunst sein.

Aber ist er's, nachdem er Jahrtausende gelebt
hat, ist er's? Kann er jetzt auf seinen Lorbeeren
ruhen und es aussprechen: *Ich bin, was ich sein soll?*

Er ist es nicht. Es ist für den Menschen kein
geringes zu sein, was er sein soll. Es ist kein geringes für ihn, gebildet zu sein, wie er gebildet sein
soll.   *Johann Heinrich Pestalozzi*

Werde, was du bist! Dieses Gebot hängt über jedem Leben, dem größten wie dem kleinsten. Ja, es scheint, wenn man es richtig versteht, das Gebot aller Gebote zu sein, das Gebot, das alle anderen Gebote in sich faßt. Niemand kann seiner Länge das Geringste zusetzen, aber jeder kann die in ihn eingesenkten Keime und Anlagen entfalten, er braucht dazu nur Aufgeschlossenheit, Aufgeschlossenheit vor allem gegenüber seinem Schicksal. Dann sind Armut, Krankheit, Not und Unglück, die uns treffen, nur die Flammen, die uns läutern, nur die Hammerschläge, die unseren Wesenskern herausmeißeln und ihn zur Unzerstörbarkeit erhärten … Die Rolle, die wir zu spielen haben, ist mit uns geboren. Das meint ein griechischer Weiser, wenn er sagt, es komme nur darauf an, diese Rolle, ob es die eines Königs oder die eines Bettlers sei, so trefflich wie möglich zu spielen und am Ende des Lebens auch einen Bettelstab in die Hand des Höchsten zurückzulegen mit der stolzen Gewißheit, ein guter Bettler gewesen zu sein.   *Hans Brandenburg*

Seinen Kopf nicht anfüllen, sondern stärken.
                    Georg Christoph Lichtenberg

Der Adler kann nicht vom flachen Boden wegflie-
gen; er muß mühselig auf einen Fels oder Baum-
strunk hüpfen: Von dort aber schwingt er sich zu
den Sternen. *Hugo von Hofmannsthal*

Um durch die Welt zu kommen, ist es zweckmäßig,
einen großen Vorrat an Vorsicht und Nachsicht mit-
zunehmen: Durch erstere wird man vor Schaden
und Verlust, durch letztere vor Streit und Händel
geschützt. *Arthur Schopenhauer*

Ein Junge aus der Gegend von Küo war bei dem
Meister angestellt, um Gäste zu melden. Es fragte
jemand über ihn und sprach: »Macht er Fortschritte?« Der Meister sprach: »Ich sehe, daß er sich
immer auf den Platz eines Erwachsenen setzt, ich
sehe, daß er älteren Personen nicht den Vortritt läßt:
Er strebt nicht danach, Fortschritte zu machen, er
will es rasch zu etwas bringen.« *Kungfutse*

Eine einzelne Handlung oder Begebenheit interessiert nicht, weil sie erklärbar oder wahrscheinlich,
sondern weil sie wahr ist. *Johann Wolfgang von Goethe*

Der Meister sprach: »Die Überschreitungen eines jeden Menschen entspreche seiner Wesensart. Dadurch daß man seine Überschreitungen sieht, kann man einen Menschen erkennen.«   *Kungfutse*

Nicht in der Weltgeschichte, wie die Professoren-Philosophie es erwähnt, ist Plan und Ganzheit, sondern im Leben des Einzelnen.   *Arthur Schopenhauer*

Meister Dsong sprach: »Ein Lernender kann nicht sein ohne großes Herz und starken Willen; denn seine Last ist schwer, sein Weg ist weit. Die Sittlichkeit, die ist seine Last: Ist sie nicht schwer? Im Tode erst ist er am Ziel: Ist das nicht weit?«   *Kungfutse*

II

Einsamkeit ist schwer

Vom Alleinsein, Stille und Schweigen

Die Natur liebt es, sich zu verbergen.   *Heraklit*

Wer wandernd nicht Gefährten trifft,
die besser oder doch ihm gleich,
zieh einsam fest die Straße fort –
Gemeinschaft gibt's mit Toren nicht.

Gautama Buddha

Es ist gut, einsam zu sein, denn Einsamkeit ist
schwer; daß etwas schwer ist, muß uns ein Grund
mehr sein, es zu tun.   *Rainer Maria Rilke*

Lieber Einsamkeit und ein Buch und eine Zeitung,
als schlechte Gesellschaft, von der man nichts hat
als Ärger und mitunter direkte Beleidigung.

Theodor Fontane

Einsame Menschen. – Manche Menschen sind so
sehr an das Alleinsein mit sich selber gewöhnt, daß
sie sich gar nicht mit anderen vergleichen, sondern
in einer ruhigen, freudigen Stimmung, unter guten
Gesprächen mit sich, ja mit Lachen ihr monologi-
sches Leben fortspinnen. Bringt man sie aber dazu,
sich mit anderen zu vergleichen, so neigen sie zu

einer grübelnden Unterschätzung ihrer selbst: so
daß sie gezwungen werden müssen, eine gute, gerechte Meinung über sich erst von andern wieder
zu *lernen*: und auch von dieser erlernten Meinung
werden sie immer wieder etwas abziehen und ab-
handeln wollen. – Man muß also gewissen Menschen ihr Alleinsein gönnen und nicht so albern
sein, wie es häufig geschieht, sie deswegen zu be-
dauern. *Friedrich Nietzsche*

Keinem werden wir, und keiner uns ganz angehö-
ren: Dazu ist weder Verwandtschaft noch Freundschaft noch die dringendste Verbindlichkeit hinrei-
chend. Denn sein ganzes Zutrauen oder seine Neigung schenken, sind zwei weit verschiedene Dinge.
Auch die engste Verbindung läßt immer noch
Ausnahmen zu, ohne daß deshalb die Gesetze der
Freundschaft verletzt wären. Immer behält sich der
Freund irgendein Geheimnis vor, und in irgend
etwas verbirgt sogar der Sohn sich vor dem Vater.
Gewisse Dinge verhehlt man dem einen und teilt
sie dem andern mit, und wieder umgekehrt, wodurch man dahin gelangt, daß man alles mitteilt
und alles zurückbehält, nur stets mit Unterschied
der entsprechenden Personen. *Baltasar Gracián*

Mit Sachen kann man ohne Liebe umgehen: Man kann ohne Liebe Bäume fällen, Ziegel brennen, Eisen schmieden. Mit den Menschen kann man nicht ohne Liebe umgehen, wie man mit den Bienen nicht ohne Vorsicht umgehen kann … So ist es einmal die Eigentümlichkeit der Bienen; geht man mit ihnen ohne Vorsicht um, so schadet man ihnen und sich selbst. Ebenso ist es mit den Menschen. Und das kann nicht anders sein, denn die gegenseitige Liebe zwischen den Menschen ist ein Grundgesetz des menschlichen Lebens. Es ist wahr, daß der Mensch sich nicht zur Liebe zwingen kann, wie er sich zur Arbeit zwingen kann; daraus folgt aber noch nicht, daß man mit den Menschen ohne Liebe umgehen darf, besonders wenn man von ihnen irgend etwas verlangt. Wenn Du zu den Menschen keine Liebe hast, so sitze still. Beschäftige Dich mit Dir selbst, mit den Sachen, womit Du willst, aber nur nicht mit den Menschen. Wie man ohne Schaden und mit Nutzen nur dann essen kann, wenn man hungrig ist, so kann man mit den Menschen auch nur dann ohne Schaden und mit Nutzen umgehen, wenn man sie liebt.

Lew Nikolajewitsch Tolstoi

Das ist das Schrecklichste für einen Menschen, zumal für einen jungen Menschen: sich mit seinem Schicksal allein zu glauben, des Trostes der Gemeinschaft zu entbehren, unerlöst das Herz voller Rätsel und Bedrückungen unter Schweigenden, scheinbar Guten und Gerechten dahinzugehen, innerlich brennend, schreiend nach Liebe, äußerlich kalt, steif, verschlossen wie jene – bis er endlich in Arbeit und Eintag das innere Leben besiegt und als braver und gleichgültiger Bürger seine Tage vollendet. Einem dieser Herzen sagen zu dürfen: Du irrst, schau hin in die Fülle der Menschlichkeit, da schau, wie Entwickelungen enden. *Christian Morgenstern*

Genau in dem Grade, in dem du Wesen finden kannst, die größer sind als du, zu denen du aufsehen kannst, in dem Grade wirst du edler, in dem Grade wirst du glücklicher werden. Wenn du immer in der Gegenwart von Erzengeln leben könntest, würdest du glücklicher sein als in der Gesellschaft von Menschen; aber sogar in der Gesellschaft bewunderungswürdiger Ritter und schöner Damen würdest du desto glücklicher sein, je edler und glänzender sie wären, und je mehr du ihre Tugend verehren könntest. Wenn du dagegen dazu verurteilt wärest, unter einer blöden, dummen, verdrehten und boshaften Menge zu leben, so würdest du im beständigen Gefühl deiner Überlegenheit nicht glücklich sein. Ebenso hängt alle Freude und Kraft der Menschheit zum Fortschritt davon ab, daß etwas zu verehren gefunden wird, und alles Elend der Menschheit fängt mit der Gewohnheit des Verachtens an.

John Ruskin

Du brauchst einen eigenen, stillen Platz, um dort auszuruhen und neue Kräfte zu sammeln. Natürlich sollst du von diesem Platze nicht zu ausgiebigen Gebrauch machen, denn das würde dich allmählich zum Eigenbrötler stempeln. Das wäre aber gleichfalls falsch, denn wir müssen in der Gemeinschaft leben und mehr oder weniger von ihrer Geistigkeit in uns aufnehmen. Das ergibt allerdings auch Störungen und Trübungen des eigenen geistigen Sehvermögens, was wiederum nur durch zeitweilige Einsamkeit ausgeglichen und überwunden werden kann. Dadurch besinnen wir uns auf unser ureigenes Wesen und finden gewissermaßen unsere »Götter« wieder.

Prentice Mulford

Du magst zwar allein sein, aber du darfst nicht einsam sein. Die Einsamkeit darf keine tödliche Wunde in deinem Herzen sein. Du mußt selbst etwas tun. Du mußt selber, mit einer eigenen Liebe, Brücken zu anderen Menschen bauen. Brücken der Liebe brauchen viel Geduld. Aber sie sind der Mühe wert. Auf ihnen liegt dein Glück.   *Phil Bosmans*

Es bedarf der Mensch, der gewöhnlich sein Leben in Zerstreuung und Leichtsinn vor sich hinlebt und immer voraneilt, ohne zu wissen, was ihn eigentlich treibt und was er eigentlich will, in seinem Laufe von Zeit zu Zeit angehalten und zu sich selbst zurückgeführt zu werden; er bedarf eines Steins am Wege, auf den er sich hinsetze und in sein vergangenes Leben zurücksehe.   *Matthias Claudius*

Ruhe ist eine Eigenschaft, die herangebildet und nach und nach erworben werden kann, aber die Schule der Ruhe bist immer du selbst.

Prentice Mulford

Wer den Genuß der Einsamkeit
und den Genuß der Ruhe kennt,
ist frei von Leid, von Sünde frei –
schlürfend der Wahrheit süßen Trank.

Gautama Buddha

Sobald sich der Mensch von der Gesellschaft ab-
sondert, sich ganz in sich selbst zurückzieht, reißt
ihm der Verstand die Brille von den Augen, die ihm
alles in verzerrter Gestalt zeigte, sieht er die Dinge
mit klarem Blick und begreift selbst nicht mehr,
warum er dies alles nicht schon früher erkannt hat.

Lew Nikolajewitsch Tolstoi

Es gibt Leute, die leben nicht ihr gegenwärtiges Leben, sondern sind mit großem Eifer geschäftig, als
ob sie noch ein zweites Leben zu leben hätten,
nicht aber das gegenwärtige; und unterdessen vergeht die Zeit, die ihnen noch bleibt.   *Antiphon*

Das Ich kann nie sich selbst abstrahieren. Das Ich
kann durch keine Reflexion erschöpft werden, alles im Ich ist nur Entwicklung des Ich.

Friedrich von Schlegel

Der Kalender voller Termine,
Hetzjagd von einer Verabredung zur anderen?
Lebensmüde und eingeschlossen
in einer engen Welt von Dingen,
die übertrieben oder überflüssig sind?

Geh in den Wald!
Da warten die Bäume auf dich.
Herrliche Bäume, die schweigend
von der Stille zehren und von dem Saft,
der bis in die letzten Zweigspitzen steigt.
Da singen Vögel für dich.

Geh in den Wald!
Leg dich unter einen Baum,
steck einen Grashalm in den Mund
und genieße seliges Nichtstun.
Dann kommen die besten Gedanken
und die schönsten Träume über dich.
Dann verschwinden die Probleme,
die du hinter deinen Wänden hast.

Phil Bosmans

Von sich zurückzutreten wie ein Maler von seinem
Bilde – wer das vermöchte!   *Christian Morgenstern*

Warum erfüllen uns Gräser, eine Wiese, eine Tanne mit so reiner Lust? Weil wir da Lebendiges vor uns sehen, das nur von außen her zerstört werden kann, nicht durch sich selbst. Der Baum wird nie an gebrochenem Herzen sterben und das Gras nie seinen Verstand verlieren. Von außen droht ihnen jede mögliche Gefahr, von innen her aber sind sie gefeit. Sie fallen sich nicht selbst in den Rücken wie der Mensch mit seinem Geist und ersparen uns damit das wiederholte Schauspiel unseres eigenen zwiespältigen − darum aber freilich auch um so entwicklungsfähigeren − Lebens.   *Christian Morgenstern*

In der Stille
Wieviel Schönheit ist auf Erden
Unscheinbar verstreut;
Möcht ich immer mehr des inne werden;
Wieviel Schönheit, die den Taglärm scheut,
In bescheidnen alt und jungen Herzen!
Ist es auch ein Duft von Blumen nur,
Macht es holder doch der Erde Flur,
Wie ein Lächeln unter vielen Schmerzen.

Christian Morgenstern

Die Sonnenblume schämte sich, die namenlose Blume als ihre Verwandte anzuerkennen.

Da ging die Sonne auf und lächelte der Verachteten freundlich zu und fragte: »Wie geht es dir, mein Liebling?«   *Rabindranath Tagore*

Keiner ist von der Welt so vollkommen enttäuscht, keiner durchschaut sie so klar und ist so gegen sie erbittert, daß er sich nicht ein wenig versöhnt fühlte, wenn sie ihm auch nur ein karges Lächeln schenkt. Auch halten wir keinen Menschen für so abscheulich, daß er uns nicht gleich etwas weniger böse vorkommt, wenn er uns höflich grüßt. Diese Beobachtungen sollen die Schwäche des Menschen beweisen helfen, nicht die Schlechten und die Welt rechtfertigen.   *Giacomo Leopardi*

Es steht dir frei, zu jeder Stunde dich auf dich selbst zurückzuziehen. Gönne dir recht oft dieses Zurücktreten ins Innere und verjünge so dich selbst.

Marc Aurel

Viele der Feinsten gehen in sich gekehrt durchs Leben, weil sie es nicht ertrügen, von andern überlegen betrachtet zu werden. Sie fürchten die Verwundung ihres Stolzes, den Verlust ihres Machtgefühls, sie ziehen es vor, in ihren vier Wänden die Ersten zu sein, statt auf dem Markte die Zweiten. Aber manch einen macht solch heimliches Schatzhütertum auch bitter und hochfahrend. Immer lauter muß er bei sich Stolz nennen, was im Grunde vor allem Furcht ist, um schließlich, statt der Verschwender, der giftige Drache seines Horts zu werden, der alle Welt ob ihrer Armut verachtet.

Christian Morgenstern

Wenn man von den Einsamen spricht, setzt man immer zuviel voraus. Man meint, die Leute wüßten, um was es sich handelt. Nein, sie wissen es nicht. Sie haben nie einen Einsamen gesehen, sie haben ihn nur gehaßt, ohne ihn zu kennen. Sie sind seine Nachbarn gewesen, die ihn aufbrauchten, und die Stimmen im Nebenzimmer, die ihn versuchten. Sie haben die Dinge aufgereizt gegen ihn, daß sie lärmten und ihn übertönten … Und sie hatten recht in ihrem alten Instinkt: Denn er war wirklich ihr Feind.

Aber dann, wenn er nicht aufsah, besannen sie sich. Sie ahnten, daß sie ihm mit alledem seinen Willen taten; daß sie ihn in seinem Alleinsein bestärkten und ihm halfen, sich abzuscheiden von ihnen für immer. Und nun schlugen sie um und wandten das Letzte an, das Äußerste, den anderen Widerstand: den Ruhm. Und bei diesem Lärmen blickte fast jeder auf und wurde zerstreut.

Rainer Maria Rilke

Je tiefer einer wird, desto einsamer wird er; aber nicht nur das: desto mehr lassen ihn selbst seine treusten Freunde allein – aus Zartgefühl, Schamgefühl, Liebe, Ehrfurcht, Verlegenheit, Hochachtung, Scheu, kurz, aus den allerbesten Gründen und mit dem unanfechtbarsten Takt des Herzens.

Christian Morgenstern

Wollten die Menschen, statt die Welt zu retten, sich selber retten; statt die Menschheit zu befreien, sich selber befreien – wieviel würden sie da zur Rettung der Welt und zur Befreiung der Menschheit beitragen!

Alexander Herzen

Ich habe wieder so recht gefühlt, daß der Mensch nur in der Entfernung von den Menschen den rechten Blick für die Menschen und ihr Erdenleben hat; daß er nur in der Entfernung von ihnen die Größe, die Tugend, die Herrlichkeit der Menschheit im ganzen erkennt, während er, wenn ihn das Getriebe des Tages selbst in seinen Wirbeln dreht, nur die Schwäche, die Torheit und das Elend des einzelnen erblickt. *Wilhelm Raabe*

Darum, lieben Sie Ihre Einsamkeit, und tragen Sie den Schmerz, den sie Ihnen verursacht, mit schön klingender Klage.

Denn die Ihnen nahe sind, sind fern, sagen Sie, und das zeigt, daß es anfängt, weit um Sie zu werden.

Und wenn Ihre Nähe fern ist, dann ist Ihre Weite schon unter den Sternen und sehr groß.

Freuen Sie sich Ihres Wachstums, in das Sie ja niemanden mitnehmen können, und seien Sie gut gegen die, welche zurückbleiben, und seien Sie ruhig und sicher vor ihnen und quälen Sie sie nicht mit Ihren Zweifeln und erschrecken Sie sie nicht mit Ihrer Zuversicht oder Freude, die sie nicht begreifen könnten … Ihre Einsamkeit wird Ihnen

auch inmitten sehr fremder Verhältnisse Halt und
Heimat sein, und aus ihr heraus werden Sie alle Ihre
Wege finden.   *Rainer Maria Rilke*

Wenn ich einsam durch die Städte wandere und
von der Straße durch die geöffneten Fenster in die
Räume blicke, habe ich die angenehmsten Ein-
drücke und die schönsten Vorstellungen. Dieselben
Räume würden mir nichts bedeuten, wenn ich
drinnen stünde und sie von dort aus betrachtete.
Ist es nicht ein Gleichnis des menschlichen Lebens,
seiner Zustände, seines Glückes und seiner Freuden?   *Giacomo Leopardi*

Wenn das Eigeninteresse abnimmt, verschwinden
die Ängste, und Ruhe und beständige Freude stellen sich ein, die uns stets mit einer guten inneren
Haltung und einem reinen Gewissen erfüllen. Jede
gute Tat trägt dazu bei, diese Freude in uns zu wek-
ken. Der Egoist ist einsam und von bedrohlichen,
fremden Ereignissen umgeben; all seine Wünsche
sind auf die eigenen Belange ausgerichtet. Der gute
Mensch lebt in einer Welt hilfreicher Ereignisse, deren Güte der seinen entspricht. *Arthur Schopenhauer*

Es muß als feststehend gelten, daß keine von allen Tugenden dem Menschen mehr zukommt als die Milde, da keine menschlicher ist, und zwar nicht nur unter uns, die wir annehmen, daß der Mensch, ein geselliges Wesen, zum allgemeinen Besten da sei, sondern auch unter denjenigen, die den Menschen der Lust anheimgeben, deren Reden und Handlungen insgesamt nur ihren Nutzen im Auge haben; denn wenn er Ruhe und Stille sucht, so findet er diese seine natürliche Tugend, welche den Frieden liebt und die Hände von Gewalt zurückhält. *Lucius Annaeus Seneca*

Der Meister sprach: »Trifft man einen, mit dem zu reden es sich verlohnte, und redet nicht mit ihm, so hat man einen Menschen verloren. Trifft man einen, mit dem zu reden sich nicht verlohnt, und redet doch mit ihm, so hat man seine Worte verloren. Der Weise verliert weder einen Menschen noch seine Worte.« *Kungfutse*

Möglichst viel schweigen und dabei heiter bleiben.
Hugo von Hofmannsthal

Das Wort macht den Menschen frei. Wer sich nicht
äußern kann, ist ein Sklav. Sprachlos ist darum die
übermäßige Leidenschaft, die übermäßige Freude,
der übermäßige Schmerz. Sprechen ist ein Frei-
heitsakt; das Wort ist selbst Freiheit. Mit Recht gilt
deswegen die Sprachbildung für die Wurzel der Bildung; wo das Wort kultiviert wird, da wird die
Menschheit kultiviert. Die Barbarei des Mittelal-
ters schwand mit der Bildung der Sprache.

Ludwig Feuerbach

Alles, was du sagen willst, überlege dir vorher in
Gedanken! Denn bei vielen Menschen eilt die
Zunge dem Denken voraus. Mach' es dir zum
Grundsatz, nur in zwei Fällen das Wort zu ergreifen:
entweder wenn du etwas gut verstehst oder wenn
du über etwas notwendig reden mußt.   *Isokrates*

Schweigsamkeit ist die Sprache aller starken Gefühle: der Liebe (und gerade in ihren schönsten Augenblicken), des Zornes, der Verwunderung, der
Furcht usf.   *Giacomo Leopardi*

Nicht viel, sondern wahr soll man reden. *Demokrit*

Die Hauptsache ist, man sündigt nicht mit dem Wort, sondern gebraucht es zum Nutzen der Menschen. Aus Deinen Worten wirst Du gerechtfertigt werden, und aus Deinen Worten wirst Du verdammt werden. Für jedes müßige Wort mußt Du Dich am Tage des Gerichts verantworten.

Lew Nikolajewitsch Tolstoi

Sï Ma Niu fragte nach dem Wesen der Sittlichkeit. Der Meister sprach: »Der Sittliche ist langsam in seinen Worten.« Er antwortete: »Langsam in seinen Worten sein: *Das* heißt Sittlichkeit?« – Der Meister antwortete: »Wer beim Handeln die Schwierigkeiten sieht: Kann der in seinen Worten anders als langsam sein?«

Kungfutse

Es ist nicht genug, nur wahre Dinge zu sprechen; es ist außerdem nötig, nicht alle die zu sagen, welche wahr sind; weil man nur die Dinge bringen soll, welche zu enthüllen nützlich ist, und nicht die, welche nur verletzen würden, ohne etwas zu fruchten; und also wie die erste Regel ist »mit Wahrheit zu sprechen«, so ist die zweite »mit Diskretion zu sprechen«.

Blaise Pascal

III

Niemand ist eine Insel

Vom Miteinander in der Welt

Die Menschen sind füreinander geboren; lehre
sie oder ertrage sie! *Marc Aurel*

Es gibt nicht zwei Menschen auf der Erde, die nicht
durch eine teuflisch ausgedachte Indiskretion zu
Todfeinden gemacht werden könnten.

Hugo von Hofmannsthal

Was wir von andern erleiden, empfinden wir gar
bald und legen großes Gewicht darauf; aber wie
viel andere von uns erleiden, das bemerken wir
nicht. Kleinigkeiten tadeln wir an andern, und unsere gröberen Fehler übergehen wir. Wer seine eigenen Handlungen recht und gerecht beurteilen
wollte, der hätte nicht Ursache, andere scharf zu
richten. *Thomas von Kempen*

Der Töpfer haßt den Töpfer, der Baumeister den
Baumeister, der Bettler meidet den Bettler und der
Sänger den Sänger. *Hesiod*

Wer das Gesellschaftliche anders als symbolisch
nimmt, geht fehl. *Hugo von Hofmannsthal*

Viele Menschen halten es für ihr gutes Recht, wegen einer Sache, die ihnen als richtig erscheint, den Widersacher bis in den Tod hineinzuhassen. Aber dieser Haß gleicht gewissermaßen einem abgeschossenen Pfeil, der auf den Schützen zurückspringt und ihn selber schädigt. *Prentice Mulford*

Dsï Gung sprach: »Hat der Edle auch gegen jemand einen Haß?« Der Meister sprach: »Er hat Haß. Er haßt die, welche der Leute Übles verbreiten; er haßt die, welche in untergeordneter Stellung weilen und die Oberen verleumden; er haßt die Mutigen ohne Formen der Bildung; er haßt die, welche fest und waghalsig, aber beschränkt sind.« Er sprach: »Sï, hast du auch Leute, die du hassest?« Dsï Gung sprach: »Ich hasse die, welche spionieren und es für Weisheit ausgeben. Ich hasse die Unbescheidenen, die sich für mutig ausgeben, ich hasse die, welche Geheimes ausplaudern und es für Geradheit ausgeben.« *Kungfutse*

Der Meister sprach: »Wo alle hassen, da muß man prüfen; wo alle lieben, da muß man prüfen.«

Kungfutse

Vollkommene Gerechtigkeit ist in der Tat nicht erreichbarer als vollkommene Wahrheit; aber der gerechte Mann unterscheidet sich von dem ungerechten durch Wunsch und Hoffnung der Gerechtigkeit, wie der wahre Mann von dem falschen durch Wunsch und Hoffnung der Wahrheit unterschieden ist. Und wiewohl völlige Gerechtigkeit unerreichbar ist, läßt sich soviel Gerechtigkeit, wie wir für den praktischen Gebrauch nötig haben, von allen denen erlangen, die danach trachten.   *John Ruskin*

Zeit ist ein ebenso wirksames Heilmittel gegen den schlechten Leumund wie gegen Herzenskummer. Wenn die Welt sich über etwas aufhält, das wir getan oder ins Leben gerufen haben, mag es gut oder schlecht sein, so tun wir am besten, bei der Stange zu bleiben. Nach kurzer Zeit wird die Sache abgedroschen, die Lästermäuler haben keinen Spaß mehr daran und wenden sich anderen Dingen zu. Und je fester und gelassener wir auf unserer Bahn weitergehen, ohne uns um den Klatsch zu kümmern, um so rascher wird man für vernünftig und richtig halten, worüber man anfangs die Nase gerümpft oder die Köpfe geschüttelt hat. Die Welt traut nämlich dem, der nicht nachgibt, kein Unrecht zu; lieber spricht sie ihn frei und erklärt sich selbst für schuldig. So kommt es, was übrigens hinlänglich bekannt ist, daß die Schwachen nach dem Willen der Welt leben und die Starken nach ihrem eigenen. *Giacomo Leopardi*

Bedenke, daß nicht derjenige dich verletzt, der dich schmäht oder mißhandelt, sondern nur die Meinung, die du von einer solchen Verletzung hast. Wenn dich nun jemand reizt, so sei überzeugt, daß es nur deine Auffassung von der Sache ist, welche dich gereizt hat. Deshalb bemühe dich vor allem, dich nicht von deiner Vorstellung mit fortreißen zu lassen. Gewinnst du einmal Zeit zu ruhiger Überlegung, so wirst du leicht der Herr deiner selbst bleiben. *Epiktet*

Es ist eine Eigentümlichkeit des Menschen, auch solche Wesen lieben zu können, die sich gegen ihn verfehlen. Diese Fähigkeit beruht auf der Überlegung, daß sie ja mit uns verwandt sind, daß sie aus Unwissenheit und gegen ihren Willen fehlen, sowie daß in kurzem ihr beide tot sein werdet, vor allem aber, daß er dir gar keinen Schaden zugefügt hat; denn er hat die dich leitende Vernunft nicht schlechter gemacht, als sie vorher war.   *Marc Aurel*

Die Leute haben immer zu reden, du magst alte oder neue Sachen machen. Den Leuten entrinnt man nie, man mag es machen, wie man will; aber man kommt am ungebissensten davon, wenn man es mit ihnen gerade macht wie mit den Hunden (ihre Ehre vorbehalten!): Diese beißen die am meisten, welche sich am meisten vor ihnen fürchten.

Jeremias Gotthelf

Die Menschen werden Dich nicht immer verstehen; und die Dir am nächsten zu stehen behaupten, die werden am meisten Dich verleugnen; ich seh in die Zukunft, da sie rufen werden: »Steiniget ihn!« Jetzt, wo Deine eigene Begeisterung gleich einem Löwen sich an Dich schmiegt und Dich bewacht, da wagt sich die Gemeinheit nicht an Dich.

Bettina von Arnim

Wer im Verkehr mit Menschen die Manieren einhält, lebt von seinen Zinsen, wer sich über sie hinwegsetzt, greift sein Kapital an.

Hugo von Hofmannsthal

Seine Antipathie bemeistern. Oft verabscheuen wir aus freien Stücken, und sogar ehe wir die Eigenschaften der betreffenden Personen kennengelernt haben: Bisweilen wagt dieser angeborene, pöbelhafte Widerwille sich selbst gegen die ausgezeichnetesten Männer zu regen. Die Klugheit werde Herr über ihn: Denn nichts kann eine schlechtere Meinung von uns erregen, als daß wir die verabscheuen, welche mehr wert sind als wir. So sehr als die Sympathie mit großen Männern zu unserm Vorteil spricht, setzt die Antipathie gegen dieselben uns herab. *Baltasar Gracián*

Der Meister sprach: »Wer selbst recht ist, braucht nicht zu befehlen: und es geht. Wer selbst nicht recht ist, der mag befehlen: doch wird nicht gehorcht.« *Kungfutse*

Es ist nun einmal so: Wir beurteilen den Charakter eines Menschen nach dem, wie er sich uns gegenüber verhält. Der größte Schuft, wofern er uns nicht schadet oder gar irgendeinen Anlaß benutzt, uns Gutes zu erweisen; ja, wenn er uns nur freundlich behandelt und sich umgänglich, höflich und respektvoll zeigt, tut genug, um sich in unserem Herzen einen geringen Platz, wenn nicht gar die Würde eines ehrbaren Mannes zu sichern. Und wenn unser Verstand ihn auch verurteilt, Herz und Phantasie werden stets an der besseren Vorstellung festhalten.   *Giacomo Leopardi*

Es ist einer der gewöhnlichsten und verbreitetsten Aberglauben, daß jeder Mensch nur allein seine bestimmten Eigenschaften hätte, daß ein Mensch gut, schlecht, klug, dumm, energisch oder apathisch sei usw. Die Menschen sind nicht so. Wir können von einem Menschen sagen, daß er häufiger gut als schlecht ist, häufiger klug als dumm, häufiger energisch als apathisch, und umgekehrt. Aber es wird nicht der Wahrheit entsprechen, wenn wir von dem einen Menschen sagen, daß er immer gut und klug ist, und von dem anderen, daß er immer schlecht oder dumm ist. Trotzdem teilen wir die Leute immer so ein. Und das ist falsch; die Menschen sind wie die Flüsse: Das Wasser ist immer gleich und immer dasselbe, aber jeder Fluß ist bald schmal, bald schnell, bald breit, bald langsam, bald rein, bald kalt, bald trübe, bald warm. So sind auch die Menschen. Jeder Mensch trägt in sich die Keime aller menschlichen Eigenschaften und offenbart zuweilen die einen, zuweilen die anderen, und wird zuweilen sich selbst nicht ähnlich, während er doch stets derselbe und er selbst bleibt.   *Lew Nikolajewitsch Tolstoi*

Die allermeisten Menschen lieben, predigen, fördern und trachten nach Gerechtigkeit, Anstand, Achtung vorm Gesetz, Redlichkeit, Pflichterfüllung, nach rechtmäßiger Zuerkennung von Lohn und Strafe und Flucht vor dem Schuldigwerden; aber nicht weil sie gutgeartet sind und das Gute wollen, auch nicht aus innerer Sauberkeit, Größe, Kraft oder Bescheidenheit und ebensowenig aus Überzeugung oder Leidenschaft, sondern lediglich aus Feigheit und Kargheit des Herzens, aus Trägheit, Stumpfheit und körperlicher oder seelischer Schwäche. Aus Schwäche können, aus Faulheit wollen und aus Mangel an Mut wagen sie nicht, sich selbst zu schützen und zu verteidigen. Sie finden es bequemer, daß Gesetz und Gesellschaft für sie wachen und sie schützen und behüten; denn nun brauchen sie sich nicht anzustrengen und haben ihre Ruhe.   *Giacomo Leopardi*

Es ist etwas anderes, ob man eine Haltung, sei es welche immer, wirklich hat, oder ob man vor anderen oder sogar vor sich selber sie zu haben vorgibt.

Hugo von Hofmannsthal

Man zerstört seinen eigenen Charakter aus Furcht, die Blicke und die Aufmerksamkeit der Menschen auf sich zu ziehen, und man stürzt sich in das Nichts der Belanglosigkeit, um der Gefahr zu entgehen, besondere Kennzeichen zu haben.

Nicolas Chamfort

Männer und Frauen haben von den Göttern dieselbe Vernunft empfangen, deren wir uns im Verkehr miteinander bedienen und mittels der wir jede Handlung beurteilen, ob sie gut oder böse, anständig oder gemein sei. Auch das Streben nach der Tugend und die Fähigkeit zu ihrer Aneignung ist von Natur nicht nur den Männern, sondern auch den Frauen zuteil geworden. Diese sind ebenso befähigt wie die Männer, durch gute und rechtschaffene Handlungen sich auszuzeichnen und die gegenteiligen zu verwerfen.

Musonius Rufus

Wie dich die Menschen nicht vom rechten Handeln abbringen können, die sich dir hindernd entgegenstellen, wenn du nur auf dem Wege der rechten Vernunft vorankommst, so sollen sie dir auch nicht das Wohlwollen austreiben, das du ihnen gegenüber empfindest. Achte vielmehr auf dich mit gleicher Aufmerksamkeit bei beiden Aufgaben: nicht nur fest zu bleiben in deinen Entscheidungen und Handlungen, sondern auch voller Güte denen gegenüber, die dir Schwierigkeiten zu machen versuchen oder auf andere Weise deinen Unwillen erregen. Denn ihnen zu grollen, wäre nicht weniger ein Zeichen von Schwäche als der Verzicht auf dein Vorhaben und dessen Preisgabe aus Angst. Denn es sind beide in gleicher Weise fahnenflüchtig: wer sich einschüchtern läßt und wer gegen den eingenommen ist, der von Natur mit ihm verwandt und vertraut ist.   *Marc Aurel*

In den Kämpfen des öffentlichen Lebens darf man nie das allgemeine Wohl preisgeben; bei persönlichen Zwistigkeiten aber soll man mit denen, die anderer Meinung sind, ohne Groll und menschenfreundlich verkehren.   *Plutarch*

Die Gelegenheit, den Menschen große Dienste zu erweisen, ist nicht sehr häufig. Dagegen kann man auf Schritt und Tritt jemandem eine kleine Freude machen. Wenn es auch bloß ein freundlicher Gruß wäre, der schon manches einsame und freudearme Dasein wie ein Sonnenstrahl erhellen kann.

Carl Hilty

Keiner wußte je, keiner kann wissen, welche Folgen irgend eine Handlungsweise schließlich für ihn oder andere haben wird. Aber jeder kann wissen, und die meisten von uns wissen auch, welches Tun gerecht, welches ungerecht ist. Ebenso können wir alle wissen, daß Gerechtigkeit zuletzt für uns, sowohl wie für andere die möglichst besten Folgen haben wird, obwohl wir nie sagen können, *was* das Beste ist, oder *wie* es sich wahrscheinlich zutragen wird.

John Ruskin

Mong Dsï sprach: »Wer durch seine Tüchtigkeit die Menschen dahin bringen will, ihn anzuerkennen, dem wird es nicht gelingen. Wer aber durch seine Tüchtigkeit den Menschen Gutes zukommen läßt, der erst wird die Welt dahin bringen, ihn anzuerkennen. Wen die Welt nicht im innersten Herzen anerkennt, dem wird es nie gelingen, König der Welt zu werden.«   *Mong Dsï*

Zu schätzen wissen. Es gibt keinen, der nicht in irgend etwas der Lehrer des andern sein könnte, und jeder, der andere übertrifft, wird selbst noch von jemandem übertroffen werden. Von jedem Nutzen zu ziehen verstehen, ist ein nützliches Wissen. Der Weise schätzt alle, weil er in jedem das Gute erkennt und weiß, wieviel dazu gehört, eine Sache gut zu machen. Der Dumme verachtet alle, weil er das Gute nicht kennt und das Schlechtere erwählt.

Baltasar Gracián

Auch um die Unterschiede zwischen uns und andern zu erkennen, bedarf es des erhöhten Augenblickes.   *Hugo von Hofmannsthal*

Jede Stadt wird dem Menschen zur Heimat, der gelernt hat, sie als solche anzusehen, der überall mit seinem Leben und Wachstum Wurzel schlagen kann und imstande ist, sich jeder Örtlichkeit anzupassen.

Plutarch

Schick dich in die Verhältnisse, mit denen du durch das Schicksal verkettet bist, und liebe die Menschen, mit denen dich das Schicksal zusammengeführt hat, aber tu es von ganzem Herzen!

Marc Aurel

Der Meister sprach: »Gute Menschen machen die Schönheit eines Platzes aus. Wer die Wahl hat und nicht unter guten Menschen wohnen bleibt, wie kann der wirklich weise genannt werden?«

Kungfutse

Das Anthropozentrische ist auch eine Art von Chauvinismus. *Hugo von Hofmannsthal*

Die Musik verbindet, die Bräuche trennen. Durch die Verbindung entsteht die Freundschaft der Menschen untereinander, durch die Trennung die Achtung voreinander. Wenn die Musik zu große Bedeutung erlangt, gibt es Nachlässigkeit. Wenn die Bräuche zu sehr herrschen, entsteht Entfremdung.

Aus dem Buche Yo-Ki

In allem Guten, von dem wir reden, springt nichts
so sehr in die Augen und hat eine so ausgedehnte
Wirkung als die Verbindung von Mensch zu
Mensch. Sie besteht in einer Gemeinschaft und
Wechselseitigkeit der Interessen und der Liebe zum
Menschengeschlecht selbst. Sie entsteht schon beim
ersten Ursprung, insofern die Kinder von den Eltern geliebt werden und das ganze Haus durch Ehe
und Abstammung sich verbunden fühlt. Von hier
aus schleicht sie allmählich hinaus, zuerst in die
Form der Blutsverwandtschaft, dann der Verschwä-
gerung, dann der Freundschaft; weiter dehnt sie
sich aus auf die Nachbarschaft, auf die Bürgerschaft,
auf politische Bundesgenossen und Freunde, und
schließlich umfaßt sie die gesamte menschliche Gesellschaft.   *Marcus Tullius Cicero*

Was ist eine Wohltat? Eine aus wohlwollender Gesinnung hervorgehende Handlung, die bei dem,
welchem sie gilt, Freude erregt und gerade dadurch
auch dem Wohltäter selbst Freude macht, die ferner
aus Neigung zu dem, was sie tut, und aus Freiwil-
ligkeit hervorgeht. Deshalb kommt es nicht darauf
an, was getan und was gegeben wird, sondern auf
den Geist, in dem es geschieht; denn die Wohltätig-

keit beruht nicht auf dem, was getan oder gegeben wird, sondern gerade auf der Gesinnung des Täters oder Gebers.

Lucius Annaeus Seneca

Es gibt noch Engel – mitten unter uns. Sie haben keine Flügel, aber ihr Herz ist ein sicherer Hafen für alle, die in Not geraten sind durch die Stürme des Lebens. Es gibt noch Engel. Sie leben und arbeiten für Menschen, die weniger Glück hatten. Sie zählen die Stunden nicht, und ihre Liebe zu den Menschen ist größer als ihr Streben nach Geld und Besitz. Sie reichen ihnen die Hände und bieten ihre Freundschaft an. Sie machen Zimmer sauber und decken den Tisch. Sie gehen mit Einsamen spazieren. Sie kümmern sich um Arbeitsplätze. Sie gehen in Gefängnisse. Sie sorgen für eine warme Wohnung. Sie streichen an und reparieren. Wenn sie nicht wären, würden viele keinen Tisch, kein Bett, keine Hilfe und keine Freundschaft gefunden haben. Viele Herzen wären vor Kälte gestorben.

Phil Bosmans

Einer gilt mir für zehntausend, wenn er von edler Art ist.

Heraklit

Wer einem andern eine Gefälligkeit erweist, verlangt nicht, daß sie ihm vergolten werde. Denn sonst ist es keine Gefälligkeit mehr, sondern ein Geschäft.   *Kleanthus*

Dsï Hia sprach: »Wer die Würdigen würdigt, so daß er sein Betragen ändert, wer Vater und Mutter dient, so daß er dabei seine ganze Kraft aufbietet, wer dem Fürsten dient, so daß er seine Person drangibt, wer im Verkehr mit Freunden so redet, daß er zu seinem Worte steht: Wenn es von einem solchen heißt, er habe noch keine Bildung, so glaube ich doch fest, daß er Bildung hat.«   *Kungfutse*

Ich kann nur die Oberfläche der Leute auf meine Seite bringen, ihr Herz erhält man nur mit ihrem sinnlichen Vergnügen – davon bin ich so überzeugt, als ich lebe.   *Georg Christoph Lichtenberg*

Es wird immer gesagt, daß die menschliche Natur herzlos sei. Glaube es nicht. Die menschliche Natur ist gütig und großmütig; doch ist sie eng und blind und kann nur schwer etwas erfassen, was sie nicht gerade sieht und fühlt. Die Leute würden sich sofort um andere so gut wie um sich selbst bekümmern, wenn sie sich nur in sie *hineindenken* könnten.

John Ruskin

Wir haben im ganzen Leben, besonders in der Sphäre des geistigen Verkehrs, die unrichtige Angewohnheit, daß wir den andern Menschen vieles von dem leihen, was uns eigen ist, ganz als müßte das so sein. Da sie nun außerdem ihr Eigenes vor uns erscheinen lassen, so entstehen, indem wir aus beiden Teilen eine Einheit zu schaffen suchen, eigentlich Monstra, ähnlich denen, die in einem winkligen Haus durch den Schein einer Laterne halb aus Schatten, halb aus wirklichen Gegenständen erzeugt werden. Es gibt keine nützlichere aber auch schwierigere Operation, als dieses unbewußt Geliehene von der Erscheinung des anderen wieder abzuziehen. Erst dadurch aber machen wir begreifliche Menschen aus ihnen – oder kürzer ausgedrückt: Der Mensch glaubt die Menschen zu verstehen, wenn er zu einer vermuteten unbegrenzten Analogie mit seinem Selbst noch einiges diesem Selbst Widersprechende hinzuaddiert. Es ist Sache der Erfahrung, mit Menschen operieren zu können, die man sich vom Kern aus verschieden vom eigenen Selbst vorzustellen hat.

Hugo von Hofmannsthal

Krebse haben es gern, lebendig gekocht zu werden. Das ist kein Witz, wie häufig kann man das hören und hat es schon selbst gesagt. Der Mensch besitzt die Eigenschaft, Leiden, die er nicht sehen will, auch nicht zu sehen. Und Leiden, die von ihm selbst verursacht werden, will er nicht sehen. Wie häufig habe ich über wartende Kutscher, über Köche, Lakaien und Bauern sagen hören, »ihre Arbeit macht ihnen viel Spaß«. Krebse haben es gern, lebendig gekocht zu werden.

Lew Nikolajewitsch Tolstoi

Es ist ein entscheidender Unterschied, ob Menschen sich zu anderen als Zuschauer verhalten können, oder ob sie immer Mitleidende, Mitfreudige, Mitschuldige sind: Diese sind die eigentlich Lebenden.

Hugo von Hofmannsthal

Es gibt keine wahre Macht, außer der Macht zu helfen; keine wahre Ehre, außer der zu retten.

John Ruskin

Die nicht rechtschaffenen Leute sind für einander alle Gegner und Feinde, Sklaven und Fremde, selbst Eltern für die Kinder, Brüder für die Brüder, Verwandte für Verwandte; nur die Rechtschaffenen sind für einander Mitbürger und Freunde, Verwandte und Freie.   *Zenon*

Der Meister sprach: »Einen Gottmenschen zu sehen, ist mir nicht vergönnt; wenn es mir vergönnt wäre, einen Edlen zu sehen, dann wäre es schon gut. Einen guten Menschen zu sehen, ist mir nicht vergönnt; wenn es mir vergönnt wäre, einen Beharrlichen zu sehen, wäre es schon gut. Aber nicht haben und tun, als habe man, leer sein und tun, als sei man voll, in Verlegenheit sein und tun, als lebe man herrlich und in Freuden: Auf diese Weise ist es schwer, beharrlich zu sein.«   *Kungfutse*

Es kommt nicht selten vor, daß eitle, von sich selbst eingenommene Menschen nicht, wie man annehmen sollte, egoistisch und hartherzig, sondern freundlich und teilnahmsvoll, gute Kameraden und sogar gute und hilfsbereite Freunde sind. Sie halten sich für allgemein bewundert, lieben daher begreiflicherweise auch ihre angeblichen Bewunderer und helfen ihnen, wo sie können, zumal sie der Ansicht sind, es komme dem Glanz zugute, zu dem sie sich vom Schicksal erkoren wähnen. Sie pflegen gern Verkehr, weil sie überzeugt sind, die Welt sei ihres Ruhmes voll; sie sind menschlich und zugänglich und preisen dabei im Geheimen ihre Leutseligkeit, und daß sie es so gut verstünden, ihre Herrlichkeit dem Umgang mit Minderwertigen anzupassen. Ich habe sogar beobachtet, daß ihr huldvolles Wesen genau im selben Maße wächst, in dem die hohe Meinung von ihrer eigenen Person zunimmt. Schließlich nimmt die Überzeugung von ihrer Bedeutung und von der Anerkennung dieser Bedeutung durch die Welt ihrem Auftreten jede Härte; denn wer im Einvernehmen mit sich und der Menschheit lebt, dem fallen gute Manieren nicht schwer. Und das gibt ihnen solche Sicherheit, daß sie bisweilen einen fast bescheidenen Eindruck machen. *Giacomo Leopardi*

Dsï Hia sprach: »Die Fehler der Gemeinen haben sicher eine Verzierung.« *Kungfutse*

Seid ihr niemals Leuten begegnet, die, um sich zu beschweren, daß ihr so wenig Aufhebens von ihnen macht, eine Liste von Menschen von Stand herzählen, von denen sie geschätzt werden? Ich würde ihnen antworten: Zeigt mir die Verdienste, durch die ihr jene für euch einnahmt, und ich werde euch gleichfalls achten. *Blaise Pascal*

Meister Dsong sprach: »Begabt sein und doch noch von Unbegabten lernen; viel haben und doch noch von solchen lernen, die wenig haben; haben als hätte man nicht, voll sein als wäre man leer; beleidigt werden und nicht streiten: Einst hatte ich einen Freund, der in allen Dingen so handelte.«

Kungfutse

IV

Die Wirklichkeit ist immer gleich nahe

Von Veränderungen und Gelassenheit

DIE EREIGNISSE SIND WELLEN, die den Geist be-
drohen, aber auch tragen.   *Hugo von Hofmannsthal*

Wer glaubt, sein Leben durch äußere Umstände ändern zu können, dem ergeht es wie einst mir als
kleinem Jungen, als ich glaubte, wenn ich mich auf
einen Stock setzte und beide Enden anfaßte,
könnte ich mich in die Luft erheben.

Lew Nikolajewitsch Tolstoi

Die gewöhnlichsten Dinge des Alltags können zu
Quellen der Erholung und Freude gemacht werden. Keine Tätigkeit – und wäre sie noch so ge-
ringfügig oder lästig – sollte uns ermüden oder
beschwerlich fallen. Wir haben an jedem Tage
hundertmal Gelegenheit, die sogenannten kleinen
Dinge zu tun, die uns ungeduldig machen. Wir reißen den Überrock vom Haken, greifen rasch und
gleichgültig nach diesem oder jenem Gegenstande,
schleudern unsere Briefe hin und gönnen uns nicht
die Freude, ihnen Form und Leserlichkeit zu geben. Wir gebrauchen unsere Muskeln immerfort
und irgendwie auf eine Art, die uns kein Vergnügen
bereitet. Jede Bewegung eines Muskels aber, die uns
kein Vergnügen bereitet, ist ein Prozeß, der uns ab-

baut. Er trägt sein Kleinteil dazu bei, unseren Körper aufzubrauchen. Er erzeugt die Gewohnheit der Ungeduld und Ruhelosigkeit.

Denn es ist nicht die Arbeit, die die Leute umbringt: Es ist nur ihre Art zu arbeiten! Ruhevolle Arbeit kann Erholung und körperlicher Aufbau sein. Doch die Wissenschaft der Ruhe reicht vom Biegen des Fingers bis zur Gewohnheit an eine Ordnung, die den rechten Platz für die Stecknadel und den Bleistift nicht außer acht läßt. Der Himmel wird aus dem Tag der kleinen Dinge geboren.

Prentice Mulford

Es gab immer mehr in der Welt, als Menschen sehen konnten, gingen sie auch noch so langsam. Bei schnellem Gehen werden sie es nicht besser sehen. Schließlich werden sie bald herausfinden, daß ihre großen (wie sie meinen) Raum und Zeit überwindenden Erfindungen in Wirklichkeit nichts überwinden; denn Raum und Zeit sind in sich unüberwindlich und wollen außerdem auf keine Weise überwunden, sondern *ausgenutzt* sein. Der Tor will Raum und Zeit immer verkürzen; der Weise will sie erst gewinnen und sodann beleben.

John Ruskin

Verlange nicht, daß das, was geschieht, so geschieht, wie du es willst, sondern wolle, daß das, was geschieht, so geschieht, wie es geschieht, und du wirst glücklich sein.

Epiktet

Wir müssen versuchen, uns an das Leben anzupassen; es ist nicht Sache des Lebens, sich an uns anzupassen. Seien wir weder zu leer noch zu erfüllt.

Ist es unsere Bestimmung, uns zu langweilen, so sollten wir uns darauf verstehen und deswegen das Vergnügen, das wir einbüßen, richtig einschätzen und dem, das wir uns verschaffen können, seine Bedeutung nicht nehmen.

Als ich erblindete, begriff ich zunächst, daß ich mich dareinschicken würde, blind zu sein.

In den meisten unglücklichen Situationen – so kann man annehmen – kommt es darauf an, daß man sich zu helfen weiß.

Ist man dazu imstande, so fügt sich die unglückliche Lage meist in den Plan eines glücklichen Lebens ein. Es ist sehr leicht, sich durch ein wenig Nachdenken von traurigen Affekten zu befreien.

Rousseau hat sehr gut gesagt: »Ich habe erlebt, daß es leichter war zu dulden als sich zu rächen.«

Charles de Montesquieu

Man kann sich die Weiten und Möglichkeiten des
Lebens gar nicht unerschöpflich geistig denken.
Kein Schicksal, keine Absage, keine Not ist einfach
aussichtslos; irgendwo kann das härteste Gestrüpp
es zu Blättern bringen, zu einer Blüte, zu einer
Frucht. Und irgendwo in Gottes äußerster Vorsehung wird auch schon ein Insekt sein, das aus dieser Blüte Reichtum trägt, oder ein Hunger, dem
diese Frucht willkommen ist. Und sollte sie bitter
sein, so wird sie doch mindestens einem Auge er-
staunlich gewesen sein und wird ihm Lust gemacht
haben und Neugier nach Formen und Farben und
Hervorbringungen des Dickichts; und sollte sie ab-
fallen, so fällt sie in die Fülle des Künftigen und
trägt noch in ihrem letzten Zerfall dazu bei, es reicher, bunter, drängender und wachsender zu machen.   *Rainer Maria Rilke*

Allem füge ich mich, was du fügst, o Weltordnung!
Nichts kommt mir zu früh, nichts zu spät, du weißt
den rechten Augenblick. Alles trägt mir Frucht, was
deine Jahreszeiten bringen. Von dir kommt alles, in
dir lebt alles, in dich kehrt alles zurück. *Marc Aurel*

Wer in Gemütsruhe leben will, muß sich von Vielgeschäftigkeit ferne halten sowohl im privaten wie im öffentlichen Leben, und die Aufgaben, die er sich stellt, dürfen seine natürliche Kraft und Begabung nicht übersteigen; vielmehr muß er so sehr auf sich achtgeben, daß, auch wenn das Glück ihn begünstigt und scheinbar aufwärts führt, er sich nicht darum kümmere und nicht etwas angreife, das über seine Kraft geht. Denn sicherer fährt, wer sein Haus imstande hält als wer ein großes Haus macht.

Demokrit

Die Glücklichen und Unglücklichen kennen, um sich zu jenen zu halten und diese zu fliehen. Das Unglück ist meistenteils Strafe der Torheit, und für die Teilnehmer ist keine Krankheit ansteckender. Man darf nie dem kleinern Übel die Türe öffnen: Denn hinter ihm werden sich stets viele andre und größere einschleichen. Die feinste Kunst beim Spiel besteht im richtigen Ekartieren: Und die kleinste Karte der Farbe, die jetzt Trumpf ist, ist wichtiger als die größte derjenigen, die es vorher war. Ist man zweifelhaft, so ist das Gescheiteste, sich zu den Klugen und Vorsichtigen zu halten, da diese früh oder spät das Glück einholen.

Baltasar Gracián

Obgleich in der Empirie fast alles Einzelne unangenehm auf mich wirkt, so tut doch das Ganze sehr wohl, wenn man endlich zum Bewußtsein seiner eigenen Besonnenheit kommt.

Johann Wolfgang von Goethe

Seelenfriede gegenüber dem, was uns aus äußeren Ursachen widerfährt, Gerechtigkeit in dem, was durch deinen eigenen Entschluß bewirkt wird: Das heißt: Dein Streben und Tun soll sich gemeinnütziges Handeln zum Zwecke setzen, da dies deiner Natur gemäß ist.

Marc Aurel

Man kann ein paar Stunden lang mit untergeschlagenen Beinen in ein und derselben Stellung dasitzen, wenn man weiß, daß einen nichts hindert, diese Stellung zu ändern; aber wenn der Mensch weiß, daß er so mit untergeschlagenen Beinen sitzen *muß*, dann bekommt er einen Krampf, und die Beine zucken und drängen dahin, wohin er sie ausstrecken möchte.

Lew Nikolajewitsch Tolstoi

Mäßigkeit bedeutet rechten Gebrauch an Kraft, Unmäßigkeit aber das Gegenteil. Die verderblichste

Unmäßigkeit von heute ist die der Hast und Ungeduld oder der Wunsch und der Versuch, vielerlei
Dinge auf einmal zu tun. Könntest du dich an einem solchen Tage hellseherisch wie in einem Spiegel erblicken, so würdest du sehen, wie unkörper-
liche Drähte von dir zu eiligen oder gehetzten
Menschen überfließen und von ihnen wieder zurück zu dir. Bedenke, daß ruhevolle Arbeit Erholung und körperlicher Aufbau für dich sein kann.

Prentice Mulford

Nichts ist so sehr eine Bedingung der Gemütsruhe,
als daß man sich nicht zu viel zu schaffen macht,
keine widerwärtigen Dinge angreift und nichts er-
zwingt, was über sein Vermögen hinausgeht. Denn
all das verursacht Störungen in unserem Wesen.

Diogenes von Oinoanda

Die Einbildungskraft zügeln, indem man bald sie
zurechtweist, bald ihr nachhilft: denn sie vermag alles über unser Glück, und sogar unser Verstand erhält Berechtigung von ihr. Sie kann eine tyranni-
sche Gewalt erlangen und begnügt sich nicht mit
müßiger Beschauung, sondern wird tätig, bemäch-
tigt sich sogar oft unsers ganzen Daseins, welches
sie mit Lust oder Traurigkeit erfüllt, je nachdem die

Torheit ist, auf die sie verfiel: denn sie macht uns
mit uns selbst zufrieden oder unzufrieden, spiegelt
einigen beständige Leiden vor und wird der häus-
liche Henker dieser Toren; andern zeigt sie nichts
als Seligkeiten und Glücksfälle, unter lustigem
Schwindeln des Kopfs. Alles dieses vermag sie,
wenn nicht die vernünftige Obhut unserer selbst
ihr den Zaum anlegt. *Baltasar Gracián*

Was du ersehnst ist etwas Großes, ja das höchste
Gut und fast etwas Göttliches: Unerschütterlich-
keit. Diesen beharrlichen Seelenzustand nennen die
Griechen »Gemütsruhe« (Euthymia), worüber es
ein ausgezeichnetes Buch von Demokritos gibt. Ich
nenne ihn Seelenfrieden. Wir fragen also, wie der
Geist immer gleichmäßig in der richtigen Bahn
sich bewege, sich selbst wohlgesinnt sei, seine Lage
heiter betrachte und diese Heiterkeit nicht unter-
breche, sondern in milder Stimmung bleibe, indem
er sich weder überhebt noch sich niederdrücken
läßt: Das wird dann der Seelenfriede sein.

Lucius Annaeus Seneca

Man schätzt diejenigen als etwas Seltenes, die ruhig
und aufmerksam zuzuhören verstehen; ebenso sel-

ten ist ein wirklicher Leser, am seltensten einer, der seine Nebenmenschen auf sich wirken läßt, ohne den Eindruck unablässig durch seine innere Unruhe, Eitelkeit, Selbstsucht zu zerstören, ja zu vernichten. *Hugo von Hofmannsthal*

Je mehr Zeit man zur Verfügung hat, um so ängstlicher ist man, daß man ihrer nicht genug haben könnte; je mehr Zeit man vergeudet, um so größer erscheint ihr Überfluß. *Giacomo Leopardi*

Zu sagen, etwas sei unmöglich, weil es unmöglich scheint, heißt nichts anderes, als sich in der gefährlichen Gewohnheit üben, jedem neuen schöpferischen Gedanken ein »Unmöglich!« entgegenzurufen. Dann kannst du deinen Geist einem vergitterten Gefängnis gleichstellen, in welchem du allein der Gefangene bist. *Prentice Mulford*

Utopisch, das ist auch eins von des Teufels Lieblingswörtern. Ich glaube, die Ruhe und Bereitwilligkeit, mit der wir es alle zulassen, daß etwas, weil es lange verkehrt gewesen ist, niemals richtig sein soll, ist eine der verhängnisvollsten Quellen des Elends und Verbrechens, darunter die Welt leidet. Wann immer dir einer aus dem Grunde abrät, das Gute zu tun zu versuchen, weil Vollkommenheit »utopisch« ist, so hüte dich vor dem Mann. Streiche das Wort ganz aus deinem Wörterbuch. Du bedarfst seiner nicht. Die Dinge sind entweder möglich oder unmöglich – welches von beiden kannst du in jedem gegebenen Stande menschlichen Wissens leicht entscheiden. Wenn das Ding unmöglich ist, brauchst du dich nicht darum zu bekümmern; ist es möglich, so strebe danach. Es ist sehr utopisch zu hoffen, Trunkenheit und Elend jemals gänzlich aus den Straßen beseitigen zu können; aber nicht die Utopie ist deine Sache – die *Arbeit*. Die Hoffnung, ein jedes Kind in diesem Königreich von seiner Jugend an Gott kennen zu lehren, ist utopisch; aber nicht die Utopie ist deine Sache – die *Arbeit*.

John Ruskin

Wäre es nicht ein unermeßlicher Segen, sich wenigstens zu einem kleinen Teil von dem entsetzlichen Joch, von der Furcht vor Lächerlichkeit, zu befreien? Wieviel wahre Genüsse gehen uns verloren wegen dieser törichten Furcht.

Lew Nikolajewitsch Tolstoi

Dsï Gung sprach: »Wenn ich hier einen schönen Nephrit habe, soll ich ihn in einen Kasten stecken und verbergen oder soll ich einen guten Kaufmann suchen und ihn verkaufen?«

Der Meister sprach: »Verkaufe ihn ja! Verkaufe ihn ja! Aber ich würde warten auf den Kaufmann.«

Kungfutse

Wer sich der Gemütsruhe erfreut, wird von selbst geneigt sein, nach Recht und Gesetz zu handeln; im Wachen und Schlafen ist er fröhlich, stark und sorglos. Wer sich aber über das Recht hinwegsetzt und seine Pflichten nicht erfüllt, für den wird all das beim bloßen Gedanken daran eine Quelle des Ärgers, der Angst und der Selbstanklage.   *Demokrit*

Empörtsein – die Neigung, seine Aufmerksamkeit vorzugsweise all dem zuzuwenden, was empört – ist ein großes Übel gerade unseres Jahrhunderts. Es gibt zwei oder drei Menschen, die wirklich empört sind, und Hunderte, die sich empört stellen und sich daher berechtigt glauben, am Leben keinen tätigen Anteil zu nehmen. Doch selbst wenn jemand aufrichtig empört ist, das Unglück gehabt hat, immer auf empörende Dinge zu stoßen, gibt es nur

eine von zwei Möglichkeiten: Entweder er handelt
und bessert, was ihn stört, wenn er kein Schwäch-
ling ist, beziehungsweise zerschellt daran, oder er
sucht, was weit leichter ist und woran ich mich zu
halten gedenke, geflissentlich alles Gute, Liebe und
wendet sich ab vom Schlimmen, und wenn man
sich nicht verstellt, kann man doch wirklich
schrecklich vieles lieben.   *Lew Nikolajewitsch Tolstoi*

Wem scherzhafte Einfälle, geistige Beweglichkeit
nicht im rechten Augenblick zu Hilfe kommen,
dem bleibt oft nur die Wahl zwischen Schiefheit
und Pedanterie. Eine verdrießliche Alternative, der
ein Weltmann durch anmutige Heiterkeit aus-
weicht.   *Nicolas Chamfort*

Ist es denn nicht entsetzlich, daß kalte Füße die
Phantasie kalt machen können und ein paar wol-
lene Fußsocken mir gute Gedanken zubringen!
                                          Franz Grillparzer

Bi Hi berief den Meister. Der Meister war geneigt,
hinzugehen. Dsï Lu sprach: »Einst habe ich vom
Meister gehört: ›Wer in seinem persönlichen Be-

tragen nicht gut ist, mit dem läßt sich der Edle nicht ein.‹ Bi Hi hat Dschung Mou im Aufruhr besetzt; wenn nun der Meister hingeht: Was soll das?« Der Meister sprach: »Ja, ich habe das gesagt; aber heißt es nicht auch: ›Was wirklich fest ist, mag gerieben werden, ohne daß es abgenutzt wird?‹ Heißt es nicht: ›Was wirklich weiß ist, kann auch in eine dunkle Flüssigkeit getaucht werden, ohne daß es schwarz wird?‹ Wahrlich, bin ich denn ein Kürbis, den man nur aufhängen kann, aber nicht essen?«

Kungfutse

Es sprach jemand: »Durch Güte Unrecht zu vergelten, wie ist das?« Der Meister sprach: »Womit soll man dann Güte vergelten? Durch Geradheit vergelte man Unrecht, durch Güte vergelte man Güte.«

Kungfutse

Man muß sich gewöhnen und tun, wozu man bestellt worden ist, im Bewußtsein, daß man diese Lage verdient hat oder daß dies ein gewisser notwendiger Ausgleich für gewährte andere Vorteile ist. Nur spüren wir das Erfreuliche nicht, sind nicht dankbar dafür, sondern spüren nur, was uns gegen den Strich geht.

Lew Nikolajewitsch Tolstoi

Jemand bat den Herzog von Orléans, ob er einen rotgestickten Rock tragen dürfe. »Gerne«, sagte dieser, »wenn Ihr Schneider einverstanden ist.« So geht es im Leben mit allem, was wir begehren oder besitzen. Immer ist irgendein Schneider nicht einverstanden.

Charles de Montesquieu

Was die Wirkung des Gemütslebens auf den Körper betrifft, so gilt folgendes: Aufregung zieht das Herz und die Lungen in sich zusammen, während ruhige Heiterkeit das Herz sich frei bewegen läßt. – Anstrengung ist Speise für die Glieder und die Muskeln, der Schlaf für die inneren Organe. Denken ist (gleichsam) ein Spaziergang der Seele.

Hippokrates

Große Freude hat stets zweierlei Wirkung: Stimmt sie nicht heiter, so macht sie traurig, weil sie unangebracht erscheint. Das große Geheimnis besteht darin, sie richtig zu dosieren, sonst ist der Heiterkeit sehr oft die Traurigkeit zugesellt. Um liebenswürdig zu sein, muß man seinen Charakter der Gelegenheit anpassen können, wenn er uns nicht in Gang bringt, schleudert er uns aus der Bahn.

Charles de Montesquieu

Lacht laut und herzlich, worüber ihr wollt, und wenn es das Harmloseste ist; lacht zu zweit, lacht zu dritt, in einem Café, auf einer Gesellschaft oder auf der Straße! Wer euer Lachen mit Auge und Ohr wahrnimmt, wird sich umdrehen und euch respektvoll betrachten. Wer in der Unterhaltung war, wird schweigen und wie beschämt dastehen; und wenn er vorher stolz und herausfordernd um sich geblickt hat, wird er euch gegenüber seinen Stolz und sein herausforderndes Wesen aufgeben. Kurzum, das einfache, herzliche Lachen gibt euch eine unbestrittene Überlegenheit vor allen im Umkreis Versammelten, ohne jede Ausnahme. Groß ist die Macht des Gelächters. Wer den Mut hat zu lachen, ist der anderen ebensosehr Herr wie einer, der den Tod nicht fürchtet. *Giacomo Leopardi*

Ein junger Ionier tritt in Athen in goldgesäumtem Purpurgewand auf. Man fragt ihn nach seiner Heimat, und er antwortet: »Ich bin reich.« *Athenaios*

Nie übertreiben. Es sei ein wichtiger Gegenstand unserer Aufmerksamkeit, nicht in Superlativen zu reden; teils um nicht der Wahrheit zu nahe zu treten, teils um nicht unsern Verstand herabzusetzen. Die Übertreibungen sind Verschwendungen der Hochschätzung und zeugen von der Beschränktheit unserer Kenntnisse und unsers Geschmacks. Das Lob erweckt lebhafte Neugierde, reizt das Begehren, und wenn nun nachher, wie es sich gemeiniglich trifft, der Wert dem Preise nicht entspricht, so wendet die getäuschte Erwartung sich gegen den Betrug und rächt sich durch Geringschätzung des Gerühmten und des Rühmers. Daher gehe der Kluge zurückhaltend zu Werke und fehle lieber durch das Zuwenig als durch das Zuviel. Die ganz außerordentlichen Dinge jeder Art sind selten; also mäßige man seine Wertschätzung. Die Übertreibung ist der Lüge verwandt, und durch dieselbe kommt man um den Ruf des guten Geschmacks, welches viel, und um den der Verständigkeit, welches mehr ist. *Baltasar Gracián*

Es gibt zwei Arten von Mißgunst: eine berechtigte, wenn man schlechten Menschen die Ehre mißgönnt, die ihnen zuteil wird; und eine unberechtigte: wenn man dies rechtschaffenen Leuten gegenüber tut. Übrigens sind mißgünstige Menschen doppelt so übel daran als andere Leute: Denn sie

ärgern sich nicht nur über ihr eigenes Mißgeschick
wie jene, sondern auch über fremdes Glück.

Hippias

Ein glückliches und unvergängliches Wesen trägt
weder in sich selbst irgend welche Mißstimmung
noch verursacht es solche einem andern, daher ist
es von Haß und Liebe gleich fern; denn alles derar-
tige bedeutet Schwäche.   *Epikur*

Oft sehen die Dinge so aus, als sei alles verkehrt –
und doch hat man Gelingen. Oft sehen die Dinge
so aus, als sei alles in Ordnung – und doch hat man
Mißerfolg. Wer sich bewußt ist, daß Gelingen zu
Mißerfolg und Mißerfolg zu Gelingen führen
kann, mit dem kann man über die Wandlungen
reden.   *Lü-shih Ch'un Ch'iu*

Was heißt heute? Was heißt morgen?
Ich meine, das muß man vermischen.
Was heißt Sehnsucht, was heißt Sorgen?
Das Leben liegt grade dazwischen.

Rainer Maria Rilke

V

Das Glück ist unsere Mutter

Vom Wunsche,
glücklich zu sein

DAS GLÜCK BESTEHT im schönen Fluß des Lebens.

Zenon

Jedermann wünscht sich ein glückliches Leben, aber wenn es zu erkennen gilt, was es sei, das das Lebensglück schaffe, dann tappen die Leute im Nebel. Vor allem muß daher unser Grundsatz sein, daß wir nicht nach Art der Tiere der vorangehenden Herde folgen und nicht den Weg einschlagen, den man geht, sondern den, den man gehen soll. Nichts verwickelt uns in größeres Unheil, als wenn wir uns nach dem Gerede der Leute richten und das für das beste Leben halten, was allgemein Beifall findet und wofür wir viele Vorbilder haben, wenn wir, anstatt vernunftgemäß, leben wie die andern. Nur wenn wir uns von der großen Menge absondern, werden wir gesund. Es steht mit den menschlichen Verhältnissen nicht so gut, daß der Mehrheit das Bessere gefiele: Die Menge ist im Gegenteil ein Beweis für das Schlimmste. Wir müssen also fragen, welche Handlungsweise die beste, nicht welche die gewöhnlichste sei.

Lucius Annaeus Seneca

Bei Lichte besehn sind Ruhe und Glück überhaupt dasselbe.

Theodor Fontane

Die Tugend muß um ihrer Selbst willen erstrebt werden und genügt für sich allein zum Glück.

Chrysippos

Man muß es mit dem Glück halten wie mit der Gesundheit: es genießen, wenn es günstig, Geduld haben, wenn es ungünstig ist, und zu gewaltsamen Mitteln nur im äußersten Notfall greifen.

François de La Rochefoucauld

Die Umstände haben weniger Gewalt, uns glücklich oder unglücklich zu machen, als man denkt; aber die Vorwegnahme zukünftiger Umstände in der Phantasie eine ungeheure.

Hugo von Hofmannsthal

Das verläßlichste Glück dieses Lebens ist das nichtige Glück der Illusionen. Ich sehe die Illusionen als etwas in gewissem Sinne Wirkliches an, da sie wesentliche Bestandteile des Ganzen der menschlichen Natur und von der Natur allen Menschen gegeben worden sind. Daher geht es nicht an, sie als Phantastereien eines einzelnen abzufertigen; sie gehören vielmehr zum Menschen, sind von der Natur gewollt, und unser Dasein wäre ohne sie höchst roh und elend. Sie dürfen also nicht fehlen, und das Ge-

füge und die Ordnung dieser Welt sind ohne sie
nicht denkbar. *Giacomo Leopardi*

Mir ist mein ganzes Leben zumut, als ginge mein
Weg oft an der Hecke des Paradieses vorbei. Dann
streift mich ein warmer Hauch, dann mein' ich, Ro-
sen zu sehn und zu atmen, ein süßer Ton rührt mich
zu Tränen, auf der Stirn liegt es mir wie eine liebe
friedegebende Hand – sekundenlang. So streife ich
oft vorbei an der Hecke des Paradieses ...

Christian Morgenstern

Der Traum enthält etwas, das besser ist als die Wirklichkeit; die Wirklichkeit enthält etwas, das besser
ist als der Traum. Vollkommenes Glück wäre die
Verbindung beider. *Lew Nikolajewitsch Tolstoi*

Wir müssen überhaupt suchen, den Ausdruck
›Glück‹ aus dem Völkerleben loszuwerden und
durch einen andern zu ersetzen, während wir den
Ausdruck ›Unglück‹ beizubehalten haben.

›Glück‹ ist ein entweihtes, durch gemeinen
Gebrauch abgeschliffenes Wort. *Jacob Burckhardt*

Man ist glücklich, wenn man eine Sache erstrebt, obgleich die Erfahrung lehrt, daß man nicht durch die Sache selbst glücklich wird, aber diese Illusion genügt uns. Der Grund hierfür ist, daß unsere Seele eine Abfolge von Ideen ist. Sie leidet, wenn sie unbeschäftigt bleibt, als ob diese Abfolge unterbrochen und sie dadurch in ihrem Dasein bedroht würde. Weil wir wie Götter sein wollen, sind wir nicht glücklich, aber wir begnügen uns damit, glücklich wie Menschen zu sein.

Charles de Montesquieu

Man kann mit Zeus an Glückseligkeit wetteifern, wenn man Gerstenbrot und Wasser hat. *Epikur*

Wir dürfen nicht unser höchstes Glück auf das Fleisch begründen. Wahre, feste und ewige Güter sind nur diejenigen, welche die Vernunft verleiht: Sie können nicht vergehen, ja nicht einmal abnehmen oder sich vermindern. Alle übrigen Güter sind dies nur nach allgemeiner Annahme und haben bloß die Bezeichnung mit den wahren Gütern gemein. Etwas eigentlich Gutes ist nicht daran.

Lucius Annaeus Seneca

Unser Glück liegt nicht in den Dingen, sondern in deren Bewertung durch uns; und der Besitz dessen, was wir lieben, macht glücklich, nicht dessen, was andere liebenswert finden.

François de La Rochefoucauld

Was wir beim Anblick einer Landschaft oder von etwas anderem, das undeutliche und unbestimmbare Vorstellungen und Gedanken in uns weckt, empfinden, ist, so erfreulich es sein mag, doch ein Glück, das wir nicht festzuhalten vermögen; und es ist nicht viel anders, als wenn einer einem schönen bunten Schmetterling nachläuft, den er nie greifen kann. Daher bleibt in der Seele stets ein lebhaftes Verlangen zurück. Und trotzdem gibt es keinen höheren Grad von Genuß; und alles, was fest umrissen und bestimmt ist, kann uns bei weitem nicht so beglücken wie das, was uns infolge seiner Unbestimmbarkeit stets unbefriedigt läßt.

Giacomo Leopardi

Jedem Menschen wohnt das Glücksbedürfnis inne; demnach muß Glücksbedürfnis dem Naturgesetz gemäß sein. Will man dies Bedürfnis egoistisch befriedigen, durch Streben nach Reichtum, Ruhm, Annehmlichkeiten, Liebe – so kann es einem widerfahren, daß sich die Umstände ungünstig gestalten und die Wünsche unerfüllt bleiben. Diese Wünsche entsprechen eben nicht dem Naturgesetz; ihm entspricht aber das Bedürfnis nach Glück. Welche Wünsche kann der Mensch immer befriedigen, unabhängig von äußeren Umständen? Was ist Glück? Liebe, Selbstaufopferung.   *Lew Nikolajewitsch Tolstoi*

Es gibt nur *einen* angeborenen Irrtum, und es ist der, daß wir da sind, um glücklich zu sein. Angeboren ist er uns, weil er mit unserm Dasein selbst zusammenfällt und unser ganzes Wesen eben nur seine Paraphrase, ja unser Leib sein Monogramm ist: sind wir doch eben nur Wille zum Leben; die sukzessive Befriedigung alles unsers Wollens aber ist, was man durch den Begriff des Glückes denkt.

Arthur Schopenhauer

Man behauptet, das Glück des Menschen könne außerhalb der Wahrheit keinen Bestand haben. So hat es in der Tat den Anschein; denn was für ein Glück kann im Unwahren liegen? Und wie sollte Wahrheit nicht glücklich machen, wenn Glück das Ziel der Welt ist? Und trotzdem behaupte ich, daß das Glück auf der Unkenntnis des Wahren beruht;

und zwar, weil die Welt zum Glück bestimmt ist, und weil die Natur dem Menschen zum Glücklichsein geschaffen hat. Darum hat sie ihm die Unwissenheit gegeben wie den übrigen Lebewesen.

Giacomo Leopardi

Die Kunst, Glück zu haben. Es gibt Regeln für das Glück: denn für den Klugen ist nicht alles Zufall. Die Bemühung kann dem Glücke nachhelfen. Einige begnügen sich damit, sich wohlgemut an das Tor der Glücksgöttin zu stellen und zu erwarten, daß sie öffne. Andere, schon besser, streben vorwärts und machen ihre kluge Kühnheit geltend, damit sie, auf den Flügeln ihres Wertes und ihrer Tapferkeit, die Göttin erreichen und ihre Gunst gewinnen mögen. Jedoch, richtig philosophiert, gibt es keinen andern Weg als den der Tugend und Umsicht; indem jeder gerade so viel Glück und so viel Unglück hat als Klugheit oder Unklugheit.

Baltasar Gracián

Liebe nur das, was dir widerfährt und bestimmt ist! Denn was könnte besser für dich passen.

Marc Aurel

Wie es Prinzipien gibt, die für alle gelten, so gibt es auch solche, die nur für den einzelnen als Gesetz angesehen werden können. Jeder von uns muß von sich aus herausfinden, wonach seine Natur verlangt, um dauernd glücklich zu sein. Niemand kann genau die gleichen Gedanken haben wie du, und darum kann auch niemand besser als du selbst beurteilen, was du brauchst, um dein Leben reicher, vollkommener und glücklicher zu machen.

Prentice Mulford

Gott hat alle Menschen geschaffen, damit sie glücklich und froh seien. Dazu hat er ihnen die Mittel gegeben, indem er den einen Teil von dem, was ist, einem jeden in seine Gewalt gab, den andern freilich ihm als etwas Fremdes gegenüberstellte. Fremd ist das, woran man gehindert, was einem genommen, wozu man gezwungen werden kann; in unserer eigenen Gewalt steht alles, bei dem dies nicht der Fall ist. Das Wesen des Guten und Schlimmen aber gab Gott in unsere Gewalt, wie es sich für ihn gebührt, der für uns sorgt und uns väterlich regiert.

Epiktet

Ich kann nur dann glücklich sein, wenn in dieser Welt eine Ordnung existiert, bei der alle Wesen die anderen mehr lieben als sich selbst. Die ganze Welt wäre glücklich, liebten alle Wesen nicht sich selbst, sondern die anderen. Ich bin ein menschliches Wesen, und die Vernunft erschließt mir das Gesetz des Glückes für alle Wesen. Ich muß dem Gesetz meiner Vernunft folgen – ich muß die anderen mehr lieben als mich selbst. Der Mensch braucht nur diese vernünftige Überlegung anzustellen, und sogleich bietet sich ihm das Leben in anderer Sicht dar als früher. Alle Wesen rotten einander aus; aber, alle Wesen lieben und helfen einander. Das Leben wird nicht durch Ausrottung, sondern durch gegenseitige Sympathie der Wesen erhalten, die sich in meinem Herzen als Gefühl der Liebe äußert. Sobald ich begonnen hatte, den Lauf der Dinge in dieser Welt zu begreifen, erkannte ich, daß einzig und allein das Prinzip der gegenseitigen Zuneigung den Fortschritt der Menschheit bedingt. Die gesamte Geschichte ist nichts anderes als die zunehmende Erkenntnis und Anwendung dieses einzigen Prinzips der Solidarität aller Wesen. Die vernünftige Überlegung wird damit durch die Erfahrung der Geschichte und die persönliche Erfahrung bestätigt. Aber abgesehen von der vernünftigen Überlegung findet der Mensch den überzeugendsten Beweis für die Wahrheit dieser Überlegung in seinem inneren Fühlen. Das größte dem Menschen erreichbare Glück, sein freiester, glücklichster Zustand ist die Selbstverleugnung und die Liebe. Die Vernunft erschließt dem Menschen den einzigen möglichen Weg zum Glück, und sein Fühlen lenkt ihn auf diesen Weg.   *Lew Nikolajewitsch Tolstoi*

Die erste Voraussetzung dafür, daß man sich für andere opfert und für andere etwas tut, ist Achtung vor sich selbst und Wertschätzung der eigenen Person. Ebenso ist die erste Voraussetzung für die Teilnahme am Schicksal anderer, daß man die Hoffnung auf eigenes Glück nicht aufgibt.

Giacomo Leopardi

Das Menschenleben ist eine fortgehende Schule: Der Staatsmann wie der Bauer muß jeden Morgen die Erfahrungen von gestern sammeln, das Verbrauchte umwenden und erneuern; unsere Seele muß, wenn sie nicht verkommen will, jeden Tag ihre Wäsche wechseln. Der moralische Mensch hat so gut seine Respiration wie der physische, und nur durch diese bleiben wir lebendig. Wir bleiben nicht

gut, wenn wir nicht immer besser zu werden trachten, und zu diesem Zwecke bedarf es nicht einmal
des Gedankens der Unsterblichkeit; schon für diese
sechzig oder siebzig Jahre müssen wir immerwäh-
rend wach sein, wenn wir glücklich, das heißt gut
bleiben wollen.   *Gottfried Keller*

Gut-Glück und Gut-Handeln scheinen mir voll-
ständige Gegensätze zu sein. Gut-Glück ist es
nach meiner Meinung, wenn man von dem, was
man braucht, etwas findet, ohne es zu suchen; dagegen etwas, das man gelernt und geübt hat, gut
zu machen, das heißt nach meiner Ansicht Gut-
Handeln. Und, wer sich so betätigt, der scheint
sich mir gut zu befinden.   *Sokrates*

Das Glück des Menschen – ich habe seine tiefsten
Gründe gesucht, und das habe ich herausgefunden:
Der Grund liegt nicht im Geld oder Besitz oder
Luxus, nicht im Nichtstun oder Geschäfte machen,
nicht im Leisten oder Genießen. Bei glücklichen
Menschen fand ich immer tiefe Geborgenheit als
Grund, spontane Freude an kleinen Dingen und
eine große Einfachheit.   *Phil Bosmans*

Es gibt nichts Törichteres als die Meinung, es könnte irgendwo Gutes geben, ohne daß es auch Schlimmes gibt, denn da das Gute das Gegenteil vom Schlimmen ist, so bilden beide Gegensätze und können nur gegenseitig voneinander gestützt bestehen. Es gibt ja doch keinen Gegensatz ohne seinen Gegensatz. Denn wie könnte es ein Rechtsgefühl geben, wenn es kein Unrecht gäbe, oder was ist Gerechtigkeit anderes als die Verneinung der Ungerechtigkeit? Wie könnte man verstehen, was Tapferkeit sei, wenn nicht die Feigheit daneben stünde? Wie wäre die Mäßigkeit zu erkennen, außer aus der Unmäßigkeit? Wo bliebe ebenso die Klugheit, wenn ihr nicht die Unklugheit entgegenstünde? Warum verlangen die Menschen in ihrer Torheit nicht auch noch, daß es Wahrheit gäbe, aber daneben keine Lüge? Denn auf gleiche Art besteht Gutes und Schlimmes, Glück und Unglück, Schmerz und Lust. Sie sind nämlich, wie Platon sagt, mit den entgegengesetzten Enden aneinander gebunden; wenn man eines beseitigt, beseitigt man beide. *Chrysippos*

Das Glück ist unsere Mutter, das Unglück unser Erzieher. *Charles de Montesquieu*

Die Philosophen sollen sich klarmachen, daß es nicht auf das Leben an sich ankommt, sondern darauf, daß es gut und glücklich oder, besser gesagt, nicht gar zu schlecht und unglücklich verläuft. Aber wirkliches Glück gewährt nur die Illusion, und jedes Glück, das sich von Wahrheit nährt, ist trügerisch; oder vielmehr: Jedes Glück erweist sich als trügerisch und hinfällig, wenn das, worauf es sich bezieht, in seiner wahren Gestalt erkannt wird.

Giacomo Leopardi

Wollen wir stark sein? – wir müssen arbeiten. Hungrig? – wir müssen fasten. Glücklich? – wir müssen gütig sein. Weise? – wir müssen sehen und denken. Daß wir hundert Meilen in der Stunde zurücklegen, tausend Ellen in der Minute fabrizieren können, wird uns nicht um das Geringste stärker, glücklicher oder weiser machen.   *John Ruskin*

Gemeinhin mißt man den Fortschritt der Menschheit an ihren technischen und wissenschaftlichen Errungenschaften, wobei man annimmt, die Zivilisation führe zum Glück. Das ist falsch. Rousseau und alle, die sich für einen primitiven patriarchalischen Zustand begeistern, haben genauso recht oder unrecht wie die, welche sich für die Zivilisation begeistern. Das Glück derer, welche die Früchte der höchsten, verfeinertsten Zivilisation und Kultur genießen, und derer, die in primitivster Wildheit leben, ist absolut gleich. Das menschliche Glück kann durch Wissenschaft – Zivilisation und Kultur ebensowenig vermehrt werden, wie sich bewirken läßt, daß eine Wasseroberfläche an der einen Stelle höher ist als an der anderen. Vermehrung des menschlichen Glücks wird nur durch Vermehrung der Liebe möglich, die ihrem Wesen nach alle Menschen gleichmacht; wissenschaftliche, technische Errungenschaften dagegen sind altersbedingt, und zivilisierte Menschen übertreffen nichtzivilisierte an Wohlbefinden ebensowenig wie ein Erwachsener einen nicht Erwachsenen. Glück entsteht nur durch Vermehrung der Liebe.

Lew Nikolajewitsch Tolstoi

Ich habe den Kardinal Imperiali sagen hören: »Es gibt niemanden, den das Glück nicht einmal in seinem Leben besucht. Aber wenn es ihn nicht bereit findet zum Empfang, kommt es zur Tür herein und geht zum Fenster hinaus.« *Charles de Montesquieu*

Um eine Abhandlung über das Glück zu schreiben, muß man den Punkt bestimmen, bis zu dem es der Natur des Menschen nach reichen kann. Zunächst darf man nicht das Glück der Engel oder anderer Kräfte, die glücklicher sind als wir, verlangen.

Das Glück besteht mehr in einer allgemeinen Veranlagung des Geistes und des Herzens, das sich dem Glück, so wie es die Natur des Menschen gewähren kann, öffnet, als in einer Vielzahl bestimmter glücklicher Augenblicke im Leben. Es besteht mehr in der Fähigkeit, diese glücklichen Augenblicke aufzunehmen. Es besteht nicht in der Freude, sondern in der spielend leichten Fähigkeit, Freude zu empfangen, in der begründeten Hoffnung, sie zu finden, wann immer man will, in der Erfahrung, daß man keinen allgemeinen Überdruß empfindet an den Dingen, die das Glück der andern ausmachen. *Charles de Montesquieu*

Um glücklich zu sein, darf man nicht begehren, glücklicher zu sein als die andern. Hätte man das Flügelroß des Ariost, den Ring, der unsichtbar macht – wäre man glücklicher? Man denke auch an den Schild, der alle Menschen versteinert.

Charles de Montesquieu

Wer sein Glück zu sehr von seiner Vernunft abhängig macht, wer es prüft und sozusagen seine Genüsse kontrolliert und nur die ausgesuchtesten sich noch erlaubt, hat schließlich gar keine mehr. Er gleicht dem Mann, der fortwährend seine Matratzen umkrempeln läßt. Dadurch werden sie nicht dicker, und zu guter Letzt liegt er auf dem Boden.

Nicolas Chamfort

Der menschliche Geist ist so beschaffen, daß er viel mehr durch ein kleines Vergnügen befriedigt wird, dessen Ende er nicht absieht, als durch ein großes, dessen Grenzen er kennt oder ahnt. Die Hoffnung auf ein mäßiges Wohlergehen macht durchaus glücklicher als der Besitz eines außerordentlichen, das man schon erfahren hat.

Giacomo Leopardi

Es gibt doch viele Freuden in unseres lieben Herrgotts seiner Welt! Nur muß man sich aufs Suchen verstehen – sie finden sich gewiß – und das Kleine ja nicht verschmähen. Wie viele Freuden werden zertreten, weil die Menschen meist nur in die Höhe gucken und was zu ihren Füßen liegt, nicht achten.

Katharina Elisabeth Goethe

Viel Freude haben. – Wer viel Freude hat, muß ein guter Mensch sein: aber vielleicht ist er nicht der klügste, obwohl er gerade das erreicht, was der Klügste mit aller seiner Klugheit erstrebt.

Friedrich Nietzsche

Das Glück und der Aufwand, den es mit sich bringt, macht aus dem Leben eine Schaustellung, inmitten deren der ehrlichste Mensch auf die Dauer zum Komödianten werden muß.

Nicolas Chamfort

Es bleibt nicht viel Zeit, um glücklich zu sein. Die Tage sind schnell vorüber. Das Leben ist kurz. In das Buch unserer Zukunft schreiben wir Träume, und eine unsichtbare Hand durchkreuzt uns die Träume. Es bleibt uns keine Wahl. Sind wir heute nicht glücklich, wie werden wir es morgen sein?

Phil Bosmans

VI

Nur wer liebt, findet Liebe

Von Freundschaft, Trennung und Liebe

MAN HAT ETWAS WENIGER FREUNDE, als man annimmt, aber etwas mehr, als man kennt.

Hugo von Hofmannsthal

Eine zu geringe und zu gute Bekanntschaft verhindert gleichermaßen, daß man einander näher-
kommt. *Lew Nikolajewitsch Tolstoi*

Es ist heutzutage fast kein anderes Mittel da, auf
Menschen zu wirken und im höheren Sinn in der
Welt gesellig zu leben, als eben das Privatgespräch
und die Reflexion darin. *Karl W. F. Solger*

Wer in Gesellschaft seiner Freunde immer Worte
wiegt, ist selten ein wahrer Freund, und selten der
Freundschaft fähig; er denkt nur immer an sich und
liebt sich zu viel. Man muß groß genug sein, sich
seinen Freunden zu zeigen wie man ist. Verliert
man sie, um seiner Schwachheit willen, so ist es ein
glücklicher Verlust, so sind sie niemals Freunde gewesen. *Ewald Christian von Kleist*

Wie ein anderer an einem edlen Pferd oder Hund oder Vogel seine Freude hat, so und noch mehr freue ich mich an trefflichen Freunden und, wenn ich etwas Gutes für sie habe, so lehre ich es sie und ich stelle sie auch andern Männern vor, von denen ich glaube, daß sie ihnen für ihre sittliche Bildung förderlich sein können. Auch gehe ich zusammen mit meinen Freunden die Schätze der weisen Männer der Vorzeit durch und schlage mit ihnen die Bücher nach, in denen sie diese schriftlich niedergelegt und hinterlassen haben; und wenn wir dann auf etwas Gutes stoßen, so wählen wir es aus und wir halten es für einen großen Gewinn, uns so gegenseitig zu fördern.   *Sokrates*

Das Talent zur Freundschaft. – Unter den Menschen, welche eine besondere Begabung zur Freundschaft haben, treten zwei Typen hervor. Der eine ist in einem fortwährenden Aufsteigen und findet für jede Phase seiner Entwicklung einen genau zugehörigen Freund. Die Reihe von Freunden, welche er auf diese Weise erwirbt, ist unter sich selten im Zusammenhang, mitunter in Mißhelligkeit und Widerspruch: ganz dem entsprechend, daß die späteren Phasen in seiner Entwicklung die früheren

Phasen aufheben oder beeinträchtigen. Ein solcher Mensch mag im Scherz eine Leiter *heißen*. – Den anderen Typus vertritt der, welcher eine Anziehungskraft auf sehr verschiedene Charaktere und Begabungen ausübt, so daß er einen ganzen Kreis von Freunden gewinnt; diese aber kommen dadurch selber untereinander in freundschaftliche Beziehung, trotz aller Verschiedenheit. Einen solchen Menschen nenne man einen *Kreis*: denn in ihm muß jene Zusammengehörigkeit so verschiedener Anlagen und Naturen irgendwie vorgebildet sein. – Übrigens ist die Gabe, gute Freunde zu haben, in manchem Menschen viel größer als die Gabe, ein guter Freund zu sein.　　　　*Friedrich Nietzsche*

Was ich Gutes haben mag, ist durch einige wenige vortreffliche Menschen in mich gepflanzt worden. Ein günstiges Schicksal führte mir dieselben in den entscheidenden Perioden meines Lebens entgegen. Meine Bekanntschaften sind auch die Geschichte meines Lebens.　　　　*Friedrich Schiller*

Wenn du dir eine Freude machen willst, dann betrachte einmal die Vorzüge deiner Mitmenschen.

So etwa bei dem einen den Willen zur Tat, bei dem andern die Bescheidenheit; bei jenem die Freigebigkeit, beim Nächsten wiederum etwas anderes. Nichts gibt ja mehr Anlaß zur Freude, als wenn die Ausstrahlungen der Tugenden im Wesen der Mitmenschen aufleuchten und dort möglichst zahlreich vereint sind. Deshalb soll man sie auch offenkundig werden lassen.   *Marc Aurel*

Meister Kung sprach: »Es gibt dreierlei Freunde, die von Nutzen sind, und dreierlei Freunde, die vom Übel sind. Freundschaft mit Aufrichtigen, Freundschaft mit Beständigen, Freundschaft mit Erfahrenen ist von Nutzen. Freundschaft mit Speichelleckern, Freundschaft mit Duckmäusern, Freundschaft mit Schwätzern ist vom Übel.«   *Kungfutse*

Die Freunde seiner Wahl, denn erst nachdem der Verstand sie geprüft und das wechselnde Glück sie erprobt hat, sollen sie es sein, erkoren nicht bloß durch die Neigung, sondern auch durch die Einsicht. Obgleich hierin es gut zu treffen, das Wichtigste im Leben ist, wird doch die wenigste Sorgfalt darauf verwendet. Einige Freunde führt ihre Zudringlichkeit, die meisten der Zufall uns zu. Und doch wird man nach seinen Freunden beurteilt; denn nie war Übereinstimmung zwischen dem Weisen und den Unwissenden. Inzwischen ist, daß man Geschmack an jemandem findet, noch kein Beweis genauer Freundschaft; es kann mehr von der Kurzweil an seiner Unterhaltung als aus dem Zutrauen zu seinen Fähigkeiten herrühren. Es gibt echte und unechte Freundschaften, diese zum Ergötzen, jene zur Fruchtbarkeit an vortrefflichen Gedanken und Taten. Wenige sind Freunde der Person, die meisten Freunde der Glücksumstände. Die tüchtige Einsicht eines Freundes nützt mehr als der gute Wille vieler anderer; daher verdanke man sie seiner Wahl, nicht dem Zufall. Ein Kluger weiß Verdrießlichkeiten zu vermeiden; aber ein dummer Freund schleppt sie ihm zu. Auch wünsche man seinen Freunden nicht zu großes Glück, wenn man sie behalten will.   *Baltasar Gracián*

Ein Freund in deinem Leben
ist der beste Trost in aller Not.
Ein Freund ist wahre menschliche Güte,
in der du ein Zeichen
der göttlichen Güte spürst.   *Phil Bosmans*

Die gute Freundschaft entsteht, wenn man den anderen sehr achtet, und zwar mehr als sich selbst, wenn man ebenfalls ihn liebt, jedoch nicht so sehr als sich, und wenn man endlich, zur Erleichterung des Verkehrs, den zarten Anstrich und Flaum der Intimität hinzuzutun versteht, zugleich aber sich der wirklichen und eigentlichen Intimität und der Verwechslung von Ich und Du weislich enthält.

Friedrich Nietzsche

Freundschaft kritisiert nicht in der Stunde des Leidens, sagt nicht nüchtern verständig, »wenn du es so oder so gemacht hättest«, sondern öffnet einfach die Arme und spricht: »Ich frage nicht, ich urteile nicht, hier ist mein Herz, daran ruh aus.« Wenn man immer im voraus wüßte, wie man handeln müßte, dann gäbe es ja keinen Irrtum. Die Freundschaft rät und warnt *vorher, nachher* liebt sie. Das nur ist die echte, die falsche macht es umgekehrt.

Malvida von Meysenburg

Der Mensch wird im geselligen Umgang und im Leben soweit gern gesehen und macht in dem Maße sein Glück, wie er zu lachen versteht.

Giacomo Leopardi

Freunde müßten nur wie Tanz und Musik sein. Man müßte nie absichtlich zu ihnen kommen, sondern immer in einem unwillkürlichen Bedürfnis. Resultate müßte die Freunde sein. Unterwegs stören sie. *Rainer Maria Rilke*

Der Meister sprach: »Lernen und fortwährend üben: Ist das denn nicht auch befriedigend? Freunde haben, die aus fernen Gegenden kommen: Ist das nicht auch fröhlich?

Wenn die Menschen einen nicht erkennen, doch nicht murren: Ist das nicht auch edel?«

Kungfutse

Freunde haben: Es ist ein zweites Dasein. Jeder Freund ist gut und weise für den Freund, und unter ihnen geht alles gut ab. Ein jeder gilt soviel, als die andern wollen; damit sie aber wollen, muß man ihr Herz und dadurch ihre Zunge gewinnen. Kein Zauber ist mächtiger als erzeigte Gefälligkeit, und um Freunde zu erwerben, ist das beste Mittel, sich welche zu machen. Das Meiste und Beste, was wir haben, hängt von andern ab. Wir müssen entweder unter Freunden oder unter Feinden leben. Jeden Tag suche man einen zu erwerben, nicht gleich zum genauen, aber doch zum wohlwollenden Freunde; einige werden nachher, nachdem sie eine prüfende Wahl bestanden haben, als Vertraute zurückbleiben.   *Baltasar Gracián*

Die Tugend ist es, die Freundschaft stiftet und erhält. Denn auf ihr beruht die Übereinstimmung in der Beurteilung der Dinge, auf ihr die Beständigkeit und Festigkeit. Wenn die Tugend sich erhebt und ihr Glanz aufleuchtet und wenn sie diesen in einem andern Menschen gewahrt und als solchen erkennt, dann fühlt sie sich zu jenem Glanz hingezogen und schließt sich ihm auf, den sie da vorfindet. Aus alldem entbrennt die Liebe sowie auch die Freundschaft.   *Marcus Tullius Cicero*

Was uns gewöhnlich hindert, unsere Freunde auf den Grund unseres Herzens blicken zu lassen, ist nicht so sehr Mißtrauen gegen sie als gegen uns.
                    François de La Rochefoucauld

Übereinstimmung ohne Sympathie gibt ein widerwärtiges Verhältnis.   *Hugo von Hofmannsthal*

Der Meister sprach: »Es ist alles aus! Ich habe noch keinen gesehen, der moralischen Wert liebt ebenso, wie er die Frauenschönheit liebt.«   *Kungfutse*

Man muß im Ganzen an jemanden glauben, um ihm im Einzelnen wahrhaft Zutrauen zu schenken.

Hugo von Hofmannsthal

Der Prophet Muhammad erzählt:

Ein Mann ging einen Bruder in einem Dorf besuchen. Gott schickte ihm einen Engel den Weg entgegen. Als er ihm begegnete, fragte er: Wohin gehst du?

Er sagte: Ich möchte einen Bruder von mir in diesem Dorf besuchen.

Er fragte: Ist er dir etwas schuldig, so daß du von ihm die Schuld zurückfordern willst?

Er sagte: Nein, nur daß ich ihn um Gottes willen liebe.

Der Engel sagte: Ich bin der Sendbote Gottes, der zu dir mit der Botschaft kommt, daß Gott dich so liebt, wie du den Bruder um Gottes willen liebst.

Aus dem Islam

Für Menschen ist die Liebe der einzige wahre Got-
tesdienst. Wo sie nicht ist, da ist Tod und Verderben
auf Erden. Des Menschen beste Kräfte ersterben,
wenn er seinen Bruder nicht liebt.

Johann Heinrich Pestalozzi

Daß sie ihre eigene Kraft kennen, das ist das Hinrei-
ßende an den Liebenden. *Hugo von Hofmannsthal*

Ich glaube, daß kein Mann jemals ein rechtes Leben
gelebt hat, der nicht durch die Liebe einer Frau ge-
bessert, durch ihren Mut gestärkt und durch die
Weisheit ihres Herzens geführt worden ist.

John Ruskin

Wenn Liebe einen ›Zweck‹ hat, transzendent ge-
sprochen, so müßte es der sein, daß in ihrer Glut
der beständig in innerste Teile auseinanderfallende
Mensch zu einer Einheit zusammengeschmolzen
wird. *Hugo von Hofmannsthal*

Wir ahnten es zwar, doch ist es uns niemals vielleicht so deutlich aufgezeigt worden, daß das Wesen
der Liebe nicht im Gemeinsamen läge, sondern

darin, daß einer den andern zwingt, etwas zu werden, unendlich viel zu werden, das Äußerste zu werden, wozu seine Kräfte reichen.

Rainer Maria Rilke

Es gibt noch eine größere Liebe als die nach dem Besitz des geliebten Gegenstandes sich sehnende: Die, die geliebte Seele erlösen wollende. Und diese Liebe ist so göttlich schön, daß es nichts Schöneres auf Erden gibt.

Christian Morgenstern

Es gehört Glaubenskraft, also Genialität dazu, die dargebrachte Liebe zu erfassen.

Hugo von Hofmannsthal

Um das Tal der Liebe betreten zu können, muß ein Mensch wie das Feuer selbst sein. Das Gesicht des Liebenden muß entflammt sein und das geschieht dadurch, daß mit der Liebe Gut und Böse aufhören zu existieren. Wenn die Liebe das Feuer ist, so ist der Rauch die Vernunft. Wenn die Liebe kommt, verschwindet die Vernunft. Der Verstand kann mit der Torheit der Liebe nicht leben; Liebe hat nichts mit dem menschlichen Verstand zu tun. Nur ein Mensch, der geprüft worden ist und frei ist, kann das empfinden. Wer sich auf diese Reise begibt, der sollte tausend Herzen haben, damit er jeden Augenblick eines opfern kann.   *Attar*

Die Liebe siegt über die Lieblosigkeit wie das Wasser über das Feuer siegt. Die Menschen von heute üben die Liebe gleich als wollten sie mit einem Becher Wasser einen in Brand geratenen Reisigwagen löschen. Wird der Brand nicht gelöscht, so behaupten sie, Wasser lösche kein Feuer. Hierin liegt das Ungeheuerliche, daß sie die Partei der Lieblosigkeit ergreifen, und daß damit die wahre Liebe zu Grunde geht.   *Mengtse*

Die Menschen sind so furchtbar weit voneinander; und die, welche einander lieb haben, sind oft am weitesten. Sie werfen sich all das Ihrige zu und fangen es nicht, und es bleibt zwischen ihnen liegen irgendwo und türmt sich auf und hindert sie endlich noch, einander zu sehen und aufeinander zuzugehen.   *Rainer Maria Rilke*

Aufmerksamkeit und Liebe bedingen einander wechselseitig. *Hugo von Hofmannsthal*

Auch eine unglückliche Liebe sollten wir segnen, um der Gnade des großen Gefühls willen, das uns durch sie geschenkt wird. Nur gar nicht zu lieben ist schlimm. *Margarete von Drewitz*

Wenn es aus Liebe und in richtiger Weise geschieht, so haben kluge Frauen die *Pflicht*, die Eitelkeiten ihrer Männer zu verletzen. Dadurch, daß sie dem Hündchen immer mehr Zucker geben, wird es nur belliger, reizbarer und unerträglicher.

Theodor Fontane

Bitterster Irrtum. – Es beleidigt unversöhnlich, zu entdecken, daß man dort, wo man überzeugt war, geliebt zu sein, nur als Hausgerät und Zimmerschmuck betrachtet wurde, an dem der Hausherr vor Gästen seine Eitelkeit auslassen kann.

Friedrich Nietzsche

Eine Geliebte aufgeben, zeugt von erlahmter Phantasie. *Hugo von Hofmannsthal*

Daran gehen so viele Ehen in die Brüche, daß einer den andern drängen und zwingen will, zu denken und zu tun wie er selbst. Ich meine im Gegenteil, man muß den andern in seinem Eigenen, wenn es nicht gar zu unklug ist, bestärken, damit man doch einen ganzen Menschen neben sich habe.

Gustav Frenssen

Liebe zwischen Mann und Weib ist niemals eine feststehende Tatsache, sondern eine Kraft, die aus den geheimnisvollsten Bestandteilen zusammengesetzt, unaufhörlich und ebenso geheimnisvoll ihren Charakter, ihr Wesen, ihre Farbe und ihre Temperatur verändert. Würden wir von diesem ewigen Formenwechsel der Liebe als von ihrem Lebensgesetz überzeugt sein – wieviel Angst und Kummer würden uns erspart.

Gabriele Reuter

Was man versprechen kann. – Man kann Handlungen versprechen, aber keine Empfindungen; denn diese sind unwillkürlich. Wer jemandem verspricht, ihn immer zu lieben oder immer zu hassen oder ihm immer treu zu sein, verspricht etwas, das nicht in seiner Macht steht; wohl aber kann er solche Handlungen versprechen, welche zwar gewöhnlich die Folgen der Liebe, des Hasses, der Treue sind, aber auch aus anderen Motiven entspringen können: Denn zu einer Handlung führen mehrere Wege und Motive. Das Versprechen, jemanden immer zu lieben, heißt also: So lange ich dich liebe, werde ich dir die Handlungen der Liebe erweisen; liebe ich dich nicht mehr, so wirst du noch dieselben Handlungen, wenn auch aus anderen Motiven, immerfort von mir empfangen: so daß der Schein in den Köpfen der Mitmenschen bestehen bleibt, daß die Liebe unverändert und immer noch dieselbe sei. – Man verspricht also die Andauer des Anscheines der Liebe, wenn man ohne Selbstverblendung jemandem immerwährende Liebe gelobt.

Friedrich Nietzsche

Die Leute haben, wie so vieles andere, auch die Stellung der Liebe im Leben mißverstanden, sie haben sie zu Spiel und Vergnügen gemacht, weil sie meinten, daß Spiel und Vergnügen seliger denn Arbeit sei, es gibt aber nichts Glücklicheres als die Arbeit, und Liebe, gerade weil sie das äußerste Glück ist, kann nichts anderes als Arbeit sein. – Wer also liebt, der muß versuchen, sich zu benehmen, als ob er eine große Arbeit hätte: er muß viel allein sein und in sich gehen und sich zusammenfassen und

sich festhalten; er muß arbeiten; er muß etwas werden!   *Rainer Maria Rilke*

Eine Flaumfeder kann einen Kieselstein rund
schleifen, wofern sie von der Hand der Liebe geführt wird.   *Hugo von Hofmannsthal*

Aller Schmerz der Liebe wird aufgewogen durch
das Glück zu lieben. Es ist eines der größten und
ergreifendsten Wunder Gottes, daß wir die Liebes-
fähigkeit besitzen, die unser Dasein erweitert, unbe-
schränkt durch Zeit und Raum, und die darin einzig ist, daß sie ihren Lohn in sich selbst trägt.

Alexander Vinet

In den höheren Formen des Verkehrs, auch in der
Ehe, dürfte nichts als ein Festes, nicht einmal als ein
Gegebenes hingenommen werden, sondern alles ist
das Geschenk jedes einzelnen, eine Welt umspan-
nenden Augenblickes.   *Hugo von Hofmannsthal*

Wer niemand Liebe erweist, kann, wie mir scheint,
auch bei niemand Liebe finden.   *Demokrit*

Ein bißchen Liebe kann wie ein Tropfen Wasser sein, der einer Blume die Kraft gibt, sich wieder aufzurichten.

Ein bißchen Liebe kann einen Menschen heilen. Einen Menschen heilen heißt ihm helfen, den verlorenen Mut zurückzufinden.

Ich glaube an das Gute, auch wenn so viele Menschen vom Bösen heimgesucht werden.

Ich glaube an das Schöne, auch wenn das Häßliche in der Welt wuchert und die Verschmutzung tief in den Menschen dringt.

Ich glaube an die Liebe, auch wenn man an Feindschaft festhält und den Haß anstachelt.

Phil Bosmans

VII

Dein Sein gilt

Sich selbst finden und erkennen

DER MEISTER SPRACH: »Der Edle stellt Anforderungen an sich selbst, der Gemeine stellt Anforderungen an die andern Menschen.«   *Kungfutse*

Die Selbsterkenntnis bringt dem Menschen das meiste Gute, die Selbsttäuschung das meiste Übel.
Sokrates

Dein Sein gilt, nicht dein Schein.
Christian Morgenstern

Das Selbst sein eigener Helfer ist –
wo wäre ein andrer Helfer sonst?
Bezähmt man sich gut, dann erlangt
man einen Helfer seltener Art.   *Gautama Buddha*

Mache von deinem Vermögen keinen übermäßigen Gebrauch, sondern begnüge dich mit einem maßvollen Genuß deiner Güter.   *Isokrates*

Die gefährlichsten unserer Vorurteile herrschen in uns selber gegen uns selber. Sie aufzulösen ist das Schöpferische.   *Hugo von Hofmannsthal*

Meister Dsong sprach: »Ich prüfe täglich dreifach mein Selbst: Ob ich, für andere sinnend, es etwa nicht aus innerstem Herzen getan; ob ich, mit Freunden verkehrend, etwa meinem Worte nicht treu war; ob ich meine Lehren etwa nicht geübt habe.«   *Kungfutse*

Seltsam, aber: Als ich ein Kind war, gab ich mir Mühe, einem Erwachsenen ähnlich zu sein, und seit ich kein Kind mehr bin, habe ich oft gewünscht, wie ein Kind zu sein.   *Lew Nikolajewitsch Tolstoi*

Immer glücklich ist der, dem stets etwas vor Augen steht, das er nicht völlig erkennen kann, das er fortschreitend immer mehr und mehr erkennt. Das ist der notwendige Zustand eines endlichen Geschöpfes mit einem in Gott gewurzelten und auf Gott gerichteten Geist; das ist daher sein glücklicher Zustand, nicht ein Zustand des Triumphes oder der Freude über das, was er weiß, sondern vielmehr der Freude über das beständige Entdecken neuer Unwissenheit, beständige Demütigung, beständiges Staunen. Einmal gründlich unser eigen, hört das Wissen auf, uns Freude zu bereiten. Es kann uns praktisch nützlich oder andern dienlich sein, wir können damit wuchern, um mehr zu erlangen; aber in sich ist es, wenn es uns einmal ganz vertraut geworden ist, tot. Das Wunderbare ist davon abgestreift und die feine Farbe, die es hatte, als wir es zuerst aus dem unendlichen Meer heraufzogen … Alle Menschen empfinden das, obwohl sie nicht daran denken und sich die Folgen nicht klar machen. Sie sehen auf die Tage der Kindheit als auf die glücklichsten zurück, weil es die Tage des größten Staunens, der größten Einfalt und der kräftigsten Phantasie waren. Der ganze Unterschied zwischen einem Mann von Genie und andern Menschen besteht, wie oft und sehr wahr gesagt worden ist, darin, daß der erstere großenteils Kind bleibt und aus großen Kinderaugen schaut, in beständigem Staunen, nicht im Bewußtsein vieles Wissens, sondern vielmehr im Bewußtsein unendlicher Unwissenheit und doch unendlicher Macht. Ein Quell ewiger Bewunderung, Freude und Schöpferkraft ist in ihm und geht in das Weltmeer der sichtbaren und lenksamen Dinge um ihn her ein. *John Ruskin*

Nur deine Arbeit darfst du verkaufen, deine Seele nicht. *John Ruskin*

Auch dies gehört zur inneren Freiheit; der Jüngling in uns muß vom Mann hinweggeräumt werden, der Mann vom Greis, die Jungfrau von der reifen Frau: Es ist nur *ein* Priester im Heiligtum.

Hugo von Hofmannsthal

Frei nennst du dich? Deinen herrschenden Gedanken will ich hören und nicht, daß du einem Joche entronnen bist.

Bist du ein solcher, der einem Joche entrinnen durfte?

Es gibt manchen, der seinen letzten Wert wegwarf, als er seine Dienstbarkeit wegwarf.

Frei wovon? Was schiert das Zarathustra! Hell aber soll mir dein Auge künden: frei *wozu*?

Friedrich Nietzsche

Bedenke, daß du ein Schauspieler in einem Drama bist und die Rolle zu spielen hast, die dir der Dichter zuteilt, ob sie nun groß oder klein ist. Will er, daß du einen Bettler spielst, so gib dir Mühe, auch diesen gut zu spielen; ebenso einen Lahmen, einen Fürsten oder einen gewöhnlichen Bürger. Deine Aufgabe ist es nur, die übertragene Rolle gut zu spielen; ihre Auswahl ist die Sache eines andern.

Epiktet

Der Meister sprach: »Der Gebildete richtet sein Streben auf die Wahrheit; wenn einer aber sich schlechter Kleider und schlechter Nahrung schämt, der ist noch nicht reif, um mitzureden.« *Kungfutse*

Menschen sind nur dann lächerlich, wenn sie scheinen oder sein wollen, was sie nicht sind. Der Arme, der Ungebildete, der Bauer, der Kranke und der Greis wirken niemals lächerlich, wenn sie nicht den Anschein von etwas anderem erwecken wollen, sondern sich in den ihnen vorgeschriebenen Grenzen halten; wenn also der alte Mann nicht den jungen, der Kranke nicht den Gesunden, der Arme nicht den Reichen, der Unwissende nicht den Gebildeten, und der Bauer nicht den Städter spielen will … Auch wer, um sich beliebt zu machen, ein Talent fingiert, das ihm die Natur nicht verliehen hat, begeht einen großen Fehler. Er kann seine Anstrengungen nicht lange verschleiern, sie kommen ans Licht; und der Widerspruch zwischen Erheucheltem und Wahrem, das nicht mehr zu verbergen ist, macht ihn viel weniger liebenswert und angenehm, als er sein würde, wenn er sich stets offen zu sich selbst bekennte. Auch die unglücklichste Anlage hat irgendwo etwas Erfreuliches an sich; und wenn das ohne Scheu gezeigt wird, macht der Betreffende einen viel besseren Eindruck als durch noch so schöne Gaben, die er gar nicht besitzt.

Allgemein gesagt, verdirbt das Bemühen, etwas zu sein, was man nicht ist, alles auf dieser Welt; und eben aus diesem Grunde wirkt eine Unmenge von Menschen, die durchaus angenehm wäre, wenn sie sich mit sich selber abfände, so unerträglich. Und so ist's nicht nur mit einzelnen Personen, sondern auch mit bestimmten Kreisen, ja mit ganzen Bevölkerungsteilen. Ich kenne verschiedene hochentwickelte, blühende Provinzstädte, in denen man gern und behaglich wohnen würde, wenn man dort nicht in widerlicher Weise die Hauptstädte nachäffte und immer nur den Wunsch hätte, durchaus und unter allen Umständen lieber eine Haupt- als eine Provinzstadt zu sein. *Giacomo Leopardi*

Der höhere Mensch lebt mit allen in Frieden, ohne wie alle zu handeln. Der niedere handelt genau wie alle und wird mit niemandem fertig. Dem Höheren ist leicht gedient, aber er wird schwer befriedigt. Der Niedrige fordert schweren Dienst und ist mit Billigem zufrieden. *Kungfutse*

Ich will gern alles gutzumachen suchen, was ich und andere mit mir schlecht gemacht haben, aber nur noch *in mir*, in mir selbst. Alles andere ist Sentimentalität und Pfuscherei.   *Christian Morgenstern*

Zum edlen Tun gehört durchaus eine Überzeugung, die den Stempel der Leidenschaft trägt, und zwar einer Leidenschaft, die keinen Zweifel an der Überzeugung des Handelnden aufkommen läßt.

Giacomo Leopardi

Nachdenken, und am meisten über das, woran am meisten gelegen. Weil sie nicht denken, gehn alle Dummköpfe zugrunde: Sie sehn in den Dingen nie auch nur die Hälfte von dem, was da ist; und da sie sich so wenig anstrengen, daß sie nicht einmal ihren eigenen Schaden oder Vorteil begreifen, legen sie großen Wert auf das, woran wenig, und geringen auf das, woran viel gelegen, stets verkehrt abwägend. Viele verlieren den Verstand deshalb nicht, weil sie keinen haben. Es gibt Sachen, die man mit der ganzen Anstrengung seines Geistes untersuchen und nachher in der Tiefe desselben aufbewahren soll. Der Kluge denkt über alles nach, wiewohl mit Unterschied: Er vertieft sich da, wo er Grund und

Widerstand findet, und denkt bisweilen, daß noch mehr da ist, als er denkt: Dergestalt reicht sein Nachdenken ebensoweit als seine Besorgnis.

Baltasar Gracián

Man muß eine Aufgabe vor sich sehen, und nicht ein geruhsames Leben. *Lew Nikolajewitsch Tolstoi*

Wir sehen von unsern eigenen Gedanken nur das nächste Stück, wie die Kurzsichtigen von dem Feldweg vor ihren Augen, nicht aber, wohin er sich am jenseitigen Abhang des Tales fortsetzt.

Hugo von Hofmannsthal

Wenn ein Künstler, ein Gelehrter oder wer immer einer Wissenschaft obliegt, sich nicht an seinen Fachgenossen mißt, sondern an der Wissenschaft selbst, so wird er sich für um so niedriger einschätzen, je mehr er leistet; und je genauer der die Schwierigkeiten seiner Disziplin kennt, um so kleiner wird er sich beim Vergleich vorkommen. So sind denn fast alle großen Menschen bescheiden, weil sie sich ständig nicht den andern, wohl aber der Idee des Vollkommenen gegenüberstellen, das ihnen vorschwebt, und zwar unendlich viel deut-

licher und großartiger vorschwebt als der breiten
Masse; und weil sie wissen, ein wie weiter Abstand
sie von der Verwirklichung trennt. Der Durch-
schnitt dagegen glaubt gern und manchmal wohl
auch ehrlich, daß er die Idee des Vollkommenen,
die in seinem Kopf sitzt, nicht nur erreicht, sondern
daß er es sogar noch weiter gebracht habe.

Giacomo Leopardi

Ich glaube, daß der erste Prüfstein eines wirklich
großen Mannes seine Demut ist. Unter Demut verstehe ich nicht Zweifel an der eigenen Kraft oder
Unschlüssigkeit, seine Meinung auszusprechen;
sondern ein richtiges Verstehen des Verhältnisses
zwischen dem, was *er* tun und sagen kann, und dem
Sagen und Tun der Welt. Alle großen Männer verstehen ihre Sache nicht nur, sondern wissen gewöhnlich auch, daß sie sie verstehen; sie haben
nicht nur mit ihren hauptsächlichen Ansichten
recht, sondern wissen gewöhnlich auch, daß sie damit recht haben; nur denken sie in der Beziehung
nicht viel über sich nach. Arnolfo weiß, daß er einen guten Dom in Florenz bauen kann. Albrecht
Dürer schreibt ruhig einem, der seine Arbeit tadelt:
»Sie kann nicht besser getan werden.« Sir Isaac
Newton weiß, daß er ein oder zwei Probleme aus-

gearbeitet hat, an denen jeder andere gescheitert wäre; nur erwarten sie nicht, daß ihre Mitmenschen darum niederfallen und sie anbeten. Sie haben ein merkwürdiges Unter-Empfinden von Ohnmacht und fühlen, daß die Größe nicht *in* ihnen, sondern *durch* sie ist – daß sie nichts anderes tun oder sein können, als was Gott sie tun und sein läßt, und sie sehen etwas Göttliches, von Gott Gemachtes in jedem andern Menschen, dem sie begegnen und sind endlos töricht und unglaublich barmherzig.

John Ruskin

Fremde in Athen, nach mehreren mit Plato vertraulich verbrachten Tagen, ersuchen diesen, sie nun ja zu seinem Namensvetter, dem berühmten Philosophen, zu führen. *Hugo von Hofmannsthal*

Wenn dir jemand hinterbringt, daß der oder jener gehässig über dich spricht, so verteidige dich nicht gegen dessen Behauptungen, sondern antworte: Er wußte wohl die andern Fehler nicht, die mir noch anhaften, sonst hätte er nicht bloß diese angeführt.

Epiktet

Der Meister sprach: »Den Edlen kann man nicht an Kleinigkeiten erkennen, aber er kann Großes übernehmen. Der kleine Mann kann nicht Großes übernehmen, aber man kann ihn in Kleinigkeiten erkennen.«
Kungfutse

Der einzelne Mensch beweist seine Individualität nicht dann, wenn er sich um sie bemüht, sondern wenn er sie vergißt und nach Maßgabe seiner Kräfte und Fähigkeiten tut, wozu ihn seine Natur treibt.
Lew Nikolajewitsch Tolstoi

Habe Achtung vor deiner Denkkraft! Auf sie kommt es einzig und allein an, daß in deinem Geist sich nicht eine Meinung festsetzt, die mit der Natur und der Organisation des vernunftbegabten Wesens im Widerspruch steht. Sie ist es, die Festigkeit des Geistes, Anpassung an die Menschen und Gehorsam gegen die Götter in uns zu wirken verspricht.
Marc Aurel

Es ist eine spirituale Gabe, die dich bei einem Plan oder Zweck ausharren läßt und verhindert, daß Schwanken, Beeinflussung, Schmeichelei, Verführung oder Spott dich davon abbringen. Bist du entschlossen, etwas Höheres, Besseres zu werden, als du heute bist, so wird die spirituale Gabe dich in solcher Entschlossenheit erhalten. Der Mensch von Erfolg muß im Geiste oder in der Einbildung immer so leben, denken und handeln, als ob er den Erfolg bereits erreicht hätte – oder er wird ihn nie erreichen. Die genialen Könige und Königinnen im Reich des Geistes werden, auch wenn sie vorübergehend gezwungen sein sollten, einen in den Augen der Welt geringen Rang einzunehmen, nicht geringer von sich denken, als ob sie auf ihren Thronen säßen. Und das Gefühl der Selbstachtung, das ihnen eigen ist, wird ihnen immer auch jene Achtung verschaffen, die ihnen zukommt.

Prentice Mulford

Der Meister sprach: »Wer sich selbst regiert, was sollte der für Schwierigkeiten haben, bei der Regierung tätig zu sein? Wer sich selbst nicht regieren kann, was geht den das Regieren von andern an?«

Kungfutse

Wenn immer das Geld der Hauptlebenszweck eines Menschen oder eines Volkes ist, wird es sowohl schlecht erworben als schlecht verausgabt und richtet beim Erwerben und beim Ausgeben Schaden an. Wenn es aber nicht der vornehmste Zweck ist, wird es mitsamt allen andern Dingen *wohl* erlangt und *wohl* verbraucht. Das ist für jeden Menschen die Probe, ob ihm das Geld Hauptzweck ist oder nicht. Wenn er im mittleren Lebensalter innehalten kann und sagen: »Nun ich genug davon zu leben habe, will ich davon leben; ich habe es wohl verdient und will es auch gut ausgeben und arm aus der Welt gehen, wie ich hineinkam« – dann ist ihm das Geld nicht die Hauptsache. Wenn er aber genug hat, um davon zu leben, in der Weise, wie sie seinem Rang und Stand geziemt, und doch mehr erwerben und reich *sterben* will, dann ist ihm das Geld Hauptzweck und wird zum Fluch für ihn selbst und meistens auch für die, die es nach ihm ausgeben. Denn ihr wißt, einmal *muß* es ausgegeben werden; es fragt sich nur, ob der, der es erwarb, es verausgaben soll oder jemand anders; und im allgemeinen ist es besser, wenn *der* es ausgibt, der es erwarb; denn er kennt seinen Wert und Nutzen am besten.

John Ruskin

VIII

Unsichtbare Harmonie ist stärker als sichtbare

—

Von der Schönheit und den Freuden des Lebens

GENUSS KANN UNMÖGLICH DAS ZIEL des Lebens sein. Genuß ohne etwas darüber ist etwas Gemeines.

Christian Morgenstern

Du bist zum Genuß geschaffen, und die Welt ist voller Dinge, die du genießen wirst, wofern du nicht zu stolz bist, dich an ihnen zu erfreuen, und zu gierig, dich um etwas zu kümmern, wodurch du nichts anderes als Freude gewinnen kannst. Denke daran, daß die schönsten Dinge in der Welt die nutzlosesten sind; Pfauen und Lilien z. B.

John Ruskin

Alles Behagen am Leben ist auf eine regelmäßige Wiederkehr der äußeren Dinge gegründet. Der Wechsel von Tag und Nacht, der Jahreszeiten, der Blüten und Früchte, und was uns sonst von Epoche zu Epoche entgegentritt, damit wir es genießen können und sollen, diese sind die eigentlichen Triebfedern des irdischen Lebens. Je offener wir für diese Genüsse sind, desto glücklicher fühlen wir uns.

Johann Wolfgang von Goethe

Wer sich des Guten nicht erinnert, hofft nicht.

Johann Wolfgang von Goethe

Angenehm heißt das, was vergnügt, schön, was bloß gefällt, gut, was geschätzt wird.　　*Immanuel Kant*

An jeder Sache etwas zu sehen, suchen, was noch niemand gesehen und woran noch niemand gedacht hat.　　*Georg Christoph Lichtenberg*

Etwas betrachten heißt noch lange nicht, es sehen. Erst wenn man dessen Schönheit sieht, gewinnt es Wirklichkeit.　　*Oscar Wilde*

Unsichtbare Harmonie ist stärker als sichtbare.
Heraklit

Schönheit kann man innerhalb einer Stunde erkennen und lieben und sie ebenso schnell wieder vergessen, es kommt darauf an, die Seele zu erkennen.
Lew Nikolajewitsch Tolstoi

Um überhaupt nur zu sehen, muß man den Sand aus den Augen kriegen, den die Gegenwart beständig hineinstreut.　　*Hugo von Hofmannsthal*

Aufrichtige Leute können die Dinge immer in ihrer *Wirklichkeit*, wenn auch niemals *vollkommen* sehen. Keine menschliche Fähigkeit sah je das Ganze eines Dings; aber wir können mehr und mehr davon sehen, je länger wir es anschauen. Jeder einzelne wird nach seiner besondern Gemütsart etwas Verschiedenes davon sehen; doch sind, vorausgesetzt daß die Gemütsart redlich ist, alle die Verschiedenheiten da. Jeder Fortschritt in der Genauigkeit unseres Wahrnehmens wird uns etwas Neues zeigen; aber das alte zuerst Erkannte wird noch da sein. Durch die neuen Wahrnehmungen nicht widerlegt, nur gemildert und bereichert, wird es immer schöner in seinem Einklang mit ihnen und immer mehr als Teil der unendlichen Wahrheit bewährt werden. *John Ruskin*

Verfälschung der Freude. – Keinen Tag länger eine Sache gutheißen, als sie uns gut scheint, und vor allem: *keinen Tag früher* – das ist das einzige Mittel, sich die *Freude* echt zu erhalten: die sonst allzuleicht fade und faul im Geschmacke wird und jetzt für ganze Schichten des Volkes zu den verfälschten Lebensmitteln gehört. *Friedrich Nietzsche*

Es steckt in jedem Dinge etwas, das wert ist, betrachtet zu werden. Wenn nun jedes Ding etwas besitzt, das betrachtenswert ist, dann muß es auch etwas haben, woran man sich erfreuen kann. Auch billiger Reiswein, derbes Gemüse und einfaches Obst können uns erfreuen und sättigen. Kommt man da nicht zu dem Schlusse, daß es immer und überall etwas gibt, woran wir uns erfreuen könnten?   *Ssu-Che*

Den Punkt der Reife an den Dingen kennen, um sie dann zu genießen. Die Werke der Natur gelangen alle zu einem Gipfel ihrer Vollkommenheit: Bis dahin nahmen sie zu, von dem an ab; unter denen der Kunst hingegen sind nur wenige, die dahin gebracht wären, daß sie keiner Verbesserung mehr fähig sind. Es ist ein Vorzug des guten Geschmacks, daß er jede Sache auf dem Punkte ihrer Vollendung genießt: Alle können dies nicht, und die es könnten, verstehn es nicht. Sogar für die Früchte des Geistes gibt es einen solchen Punkt der Reife: Es ist wichtig, ihn zu kennen, hinsichtlich der Schätzung sowohl als der Ausübung.   *Baltasar Gracián*

Alles wahrhaft Schöne, welcher Art es auch sein mag, trägt seine Schönheit in sich selbst und ist in sich vollendet; die Würdigung durch andere ist kein Bestandteil seines Wesens. Anerkennung macht einen Gegenstand jedenfalls weder schlechter noch besser. Das behaupte ich sogar von den Dingen, die in weiterem Sinne schön genannt werden, wie z. B. von den Gebilden der Natur und den Erzeugnissen der Kunst. Wie wenig ist erst das wahrhaft Schöne auf Anerkennung angewiesen! Nicht mehr als das Gesetz, die Wahrheit, das Wohlwollen, das Ehrgefühl. Welcher dieser Werte ist nur schön, weil er Anerkennung findet, vergeht aber, wenn er getadelt wird? Verliert der Smaragd an seinem Werte, wenn er nicht gepriesen wird? Und wie ist es mit Gold, Elfenbein, Purpur, einer Leier, einer Klinge, einer Blume oder einem Strauch? *Marc Aurel*

Das Intensive höher als das Extensive schätzen. Die Vollkommenheit besteht nicht in der Quantität, sondern in der Qualität. Alles Vortreffliche ist stets wenig und selten: Die Menge und Masse einer Sache macht sie geringgeschätzt. Sogar unter den Menschen sind die Riesen meistens die eigentlichen Zwerge. Einige schätzen die Bücher nach ih-

rer Dicke; als ob sie geschrieben wären, die Arme,
nicht die Köpfe daran zu üben. Das Extensive allein
führt nie über die Mittelmäßigkeit hinaus, und es ist
das Leiden der universellen Köpfe, daß sie, um in
allem zu Hause zu sein, es nirgends sind. Hingegen
ist es das Intensive, woraus die Vortrefflichkeit ent-
springt, und zwar eine heroische, wenn in erhabe-
ner Gattung.   *Baltasar Gracián*

Wahrscheinlich war Plato der erste, der dem Menschen jenen Wunsch in die Seele legte, der bis heute
keine Befriedigung gefunden hat, den Wunsch, den
Zusammenhang zwischen Schönheit und Wahrheit
zu erkennen.   *Oscar Wilde*

Das Einfache ist das Zeichen des Wahren.
                                Lateinische Maxime

Das Schöne kann allein
Der Gegenstand von unsrer Liebe sein;
Die große Kunst ist nur,
Vom Stoff es abzuscheiden.
                          Christoph Martin Wieland

Das Glück liegt im Genuß, nicht in den Dingen, und der Besitz dessen, was man liebt, macht glücklich, nicht dessen, was andere liebenswert finden.

François de La Rochefoucauld

Auch durch Berge von Schätzen
wird den Wünschen nicht Befriedigung;
die unverständige Begier bringt Schmerz –
dies sieht der Weise ein. *Gautama Buddha*

Ich brauche nichts zu besitzen, an allem Freude zu haben. Es gibt soviel zu entdecken, wenn ich auf die kleinen Dinge sehe und auf die kleinen, einfachen Menschen. Es gibt so viele Überraschungen und Wunder, die ich entdecke mit offenen Augen und mit geschlossenen Augen. Es liegt in allen Dingen eine Erinnerung an das verlorene Paradies.

Phil Bosmans

Es läuft auf dasselbe hinaus, ob man etwas nicht begehrt, oder ob man es hat. Die Hauptsache ist in beiden Fällen die gleiche: Man ist frei von Qual.

Lucius Annaeus Seneca

Die Freuden der Welt sind alle euer.

Gott hat den Menschen dazu erschaffen, daß er durch den Gebrauch seiner Augen, seines Verstandes und seiner Glieder Freude finde. Und das törichte Geschöpf versucht beständig zu leben, ohne etwas anzusehen, ohne über etwas nachzudenken und ohne etwas zu tun und wird so nicht nur zum Untier, sondern zum unglücklichsten aller Untiere. Alle Faulheit und Gelüste, die er ersinnen kann, machen ihn nur elender. *John Ruskin*

Es ist nichts Unrechtes, die besten Dinge dieser Erde zu besitzen und zu genießen. Es ist Notwendigkeit und Wohltat, dem feineren Geschmack geben zu können, wonach er verlangt. Aber es gibt gerechte und ungerechte Methoden, um die Güter der Erde zu erlangen, weise und unweise Methoden, um das zu erlangen, was wir brauchen. Ungerechtigkeit ist nur ein anderes Wort für Unwissenheit oder Mangel an Weisheit. Am lichten Tag schreitet man keinem Abgrund zu – im Dunkel der Nacht kann es geschehen. So tut der Wissende nichts, was ihm oder anderen Schaden bringt.

Prentice Mulford

Was mein Herz an Wünschen hat, ist von den Wünschen der Natur, köstlich, nicht kostspielig.

Rainer Maria Rilke

Daß ich etwas Gutes nicht habe, was ich hätte besitzen können, schmerzt lange nicht so sehr, als daß ich etwas nicht mehr besitze, was ich gehabt habe.

Immanuel Kant

Wie entsetzlich sind *die* daran, die das Erlebnis suchen. Denn warum: weil sie schon mit irgendeinem frühsten und mit dem dritten und vierten Erlebnis nicht fertig geworden sind, es sich nicht wahrhaft aufgelöst einpassen konnten – darum jagen sie immer weiter nach dem, dem sie nicht gewachsen sind, und es ist schon eine Gnade Gottes, wenn sie nur Jagende bleiben und sich ihnen jeder neue Fang entzieht. *Rainer Maria Rilke*

Der Meister sprach: »Der Edle befördert das Schöne der Menschen und befördert nicht das Unschöne der Menschen. Der Gemeine macht es umgekehrt.«

Kungfutse

Das Glück des Lebens besteht in der Abwechslung; die größte Mühseligkeit selbst wird dadurch zum Vergnügen. Immerwährende einerleie Freude wird bald Pein. Der Urquell unsres Lebens will immer neue Formen; er behilft sich mit den albernsten Fabeln und Märchen, wenn die Wirklichkeit um ihn stille steht. *Wilhelm Heinse*

Übe dich in der Beherrschung aller der Leidenschaften, denen seelisch zu unterliegen schmählich ist: Gewinnsucht, Zorn, Lust und Schmerz. Dazu wirst du gelangen, wenn du für Gewinn nicht das hältst, wodurch man reich wird, sondern das, wodurch man sich einen guten Namen macht; wenn du bei einem Anlaß zum Zorn dich gegen die, welche sich verfehlen, ebenso verhältst, wie du es für billig hieltest, daß man sich gegen dich im Fall einer Verfehlung deinerseits verhalte; wenn du beim Genuß es für schmählich ansiehst, zwar über Sklaven zu gebieten, dabei aber selbst der Sklave deiner Lüste zu sein; und wenn du endlich in bösen Tagen auch auf das Unglück anderer blickst und daran denkst, daß du ein Mensch bist. *Isokrates*

Gemütsruhe wird den Menschen zuteil durch Maßhalten im Genuß und harmonische Lebensführung. Mangel und Überfluß dagegen pflegen umzuschlagen und die Seele in große Aufregung zu versetzen. Seelen, die sich in schroffen Gegensätzen bewegen, bewahren weder das Gleichgewicht noch die Gemütsruhe. Auf das Mögliche muß man seinen Sinn richten und mit dem Vorhandenen sich begnügen. Den Leuten, die die Welt bewundert und anstaunt, schenke wenig Beachtung und verweile mit deinen Gedanken nicht bei ihnen; dagegen betrachte das Leben der Elenden und stelle dir lebhaft vor, was sie durchzumachen haben, damit dir deine Lage und dein Besitz groß und beneidenswert erscheine und du nicht Gefahr laufest, dadurch daß du noch mehr begehrst, an deiner Seele Schaden zu nehmen. Denn wer die Besitzenden, die von den andern Leuten glücklich gepriesen werden, anstaunt und jeden Augenblick mit seinen Gedanken bei ihnen verweilt, den treibt es, immer etwas Neues anzufangen und sich auf etwas anderes zu werfen in seiner Begehrlichkeit, bis es soweit kommt, daß er eine gesetzwidrige Handlung begeht, die nicht mehr gutzumachen ist. Deshalb soll man nach dem einen nicht trachten und bei dem andern sich beruhigen, indem man das eigene Le-

ben mit dem solcher Menschen vergleicht, denen
es schlechter geht, und sich selbst glücklich preist
im Gedanken daran, was jene durchzumachen haben und wie viel besser man es selber hat und sich
befindet als sie. In solcher Gesinnung wirst du dein
Leben in größerer Gemütsruhe führen und nicht
wenige verderbliche Leidenschaften im Leben von
dir fernhalten: Neid, Eifersucht und Haß. *Demokrit*

Jeder muß sich im Leben soviel glückliche Augenblicke verschaffen wie möglich. Deswegen braucht
man sich nicht den Geschäften zu entziehen: Diese
sind oft unentbehrlich zur Lebensfreude. Aber sie
dürfen nur als deren Anhang erscheinen, nicht umgekehrt. Und man darf sich nicht einbilden, alle
Freuden haben zu können – das ist unmöglich –,
sondern soviel man haben kann. So muß der Groß-
türke das Serail verlassen, wenn er seiner Frauen
überdrüssig ist. Wenn man keinen Appetit hat, muß
man nicht bei Tisch bleiben, sondern auf die Jagd
gehen.   *Charles de Montesquieu*

Wohltun bringt mehr Lust, als sich wohltun zu las-
sen.   *Epikur*

»Zeit ist Geld« sagen eure erfahrenen Kaufleute und Nationalökonomen. Keiner von ihnen, glaube ich, findet, während er dem Tod entgegengeht, heraus, daß das Gegenteil wahr, und daß Geld Zeit ist. Vielleicht wäre es schließlich besser für sie, wenn sie nicht so viel von ihrer Zeit zu Geld machten, damit sie nicht unversehens auch die Ewigkeit dazu machen! Andere Dinge sind es, die in demselben Sinne Geld sind oder dazu verwandelt werden können, so gut wie die Zeit. Gesundheit ist Geld, Verstand ist Geld, Wissen ist Geld; all deine Gesundheit, dein Verstand und Wissen können gegen Gold eingetauscht werden, und so wird das glückliche Ziel eines goldreichen, kranken, blöden und blinden Alters erreicht. Das Gold aber kann seinerseits nicht wieder in Gesundheit und Verstand zurückverwandelt werden. »Zeit ist Geld« – die Worte klingen mir so in den Ohren, daß ich nicht weiterschreiben kann. Ist sie nichts Besseres? Wenn wir gründlich verstünden, daß Zeit – *Zeit* – ist, würde das nicht zu unserm Besten dienen? Ein Ding, dessen Verlust oder Gewinn unbedingter Verlust und vollkommener Gewinn ist. Es ist förderlich, Gesundheit und Wissen mit Geld zu kaufen, wenn sie so käuflich sind; aber nicht *mit ihnen* Geld zu kaufen. Käuflich sind sie zu Anfang des Lebens, wiewohl

nicht gegen sein Ende. Käuflich sind sie, wenn nicht
für uns selbst, immer für andere.   *John Ruskin*

Wem genug zu wenig ist, dem ist nichts genug.

Epikur

Solange man auf Vergnügungen und persönliche
Vorteile Wert legt, solange man Erfahrungen, Er-
gebnisse und Erfolge des eigenen Lebens wichtig
nimmt und sich ihretwegen Sorgen macht, kommt
man nie zu einem wahren Genuß. Man muß alle
Vergnügungen verachten lernen; muß Glück, Jugend und das eigene Ich für ein Nichts, für etwas
völlig Bedeutungsloses halten, das keinerlei Rücksicht und Pflege verdient; muß Leben, Jugend und
was dazu gehört, für verloren, hoffnungslos und unnütz ansehen, für ein Kapital, das keinen nennens-
werten Zins trägt, als sei das alles von langer Hand
zu Hinfälligkeit und Nichtigkeit verdammt; muß
es um einer Kleinigkeit willen aufs Spiel setzen,
ohne viel Wesens daraus zu machen und ohne sich
je bei einer Unentschlossenheit ertappen zu lassen,
auch bei den wichtigsten Angelegenheiten nicht,
und selbst dann nicht, wenn es ums Ganze oder um
wichtige Bezirke des Lebens geht. Nur auf die

Weise kann man zu einem Genuß gelangen. Man muß leichtsinnig, auf den Zufall, aufs Wagnis hin leben.

Giacomo Leopardi

Gi Dsï Tschong sprach: »Dem Edlen kommt es auf das Wesen an und sonst nichts. Was braucht er sich um die Form zu kümmern?« Dsï Gung sprach: »Bedauerlich ist die Rede des Herren über den Edlen. Ein Viergespann holt die Zunge nicht ein. Die Form ist Wesen, das Wesen ist Form. Das von Haaren entblößte Fell eines Tigers und Leoparden ist wie das von Haaren entblößte Fell eines Hundes oder Schafs.«

Kungfutse

Meister Kung sprach: »Es gibt dreierlei Freuden, die von Nutzen sind, und dreierlei Freuden, die vom Übel sind: Freude an der Selbstbeherrschung durch Kultur und Kunst, Freude am Reden über andrer Tüchtigkeit, Freude an vielen würdigen Freunden: Das ist von Nutzen. Freude an Luxus, Freude am Umherstreichen, Freude an Schwelgerei: Das ist vom Übel.«

Kungfutse

IX

Du trägst deine Last

Vom Kranksein und Leiden

DER MENSCH WIRD in der Welt nur das gewahr, was schon in ihm liegt; aber er braucht die Welt, um gewahr zu werden, was in ihm liegt; dazu aber sind Tätigkeit und Leiden nötig.   *Hugo von Hofmannsthal*

Alle, die behaupten, diese Welt sei ein Jammertal, ein Ort der Prüfung und dergleichen, jene Welt hingegen sei eine Welt der Glückseligkeit, behaupten gleichsam, Gottes ganze unendliche Welt sei herrlich oder in Gottes Welt sei das Leben überall herrlich mit Ausnahme nur eines Orts und einer Zeit, nämlich der Welt, in der wir leben. Das wäre doch ein seltsamer Zufall!   *Lew Nikolajewitsch Tolstoi*

Es gibt nichts Törichteres als die Meinung, es könnte irgendwo Gutes geben, ohne daß es auch Schlimmes gibt, denn da das Gute das Gegenteil vom Schlimmen ist, so bilden beide Gegensätze und können nur gegenseitig voneinander gestützt bestehen. Es gibt ja doch keinen Gegensatz ohne seinen Gegensatz. Denn wie könnte es ein Rechtsgefühl geben, wenn es kein Unrecht gäbe, oder was ist Gerechtigkeit anderes als die Verneinung der Ungerechtigkeit? Wie könnte man verstehen, was

Tapferkeit sei, wenn nicht die Feigheit daneben
stünde? Wie wäre die Mäßigkeit zu erkennen, außer aus der Unmäßigkeit? Wo bliebe ebenso die
Klugheit, wenn ihr nicht die Unklugheit entgegenstünde? Warum verlangen die Menschen in ihrer
Torheit nicht auch noch, daß es Wahrheit gäbe, aber
daneben keine Lüge? Denn auf gleiche Art besteht
Gutes und Schlimmes, Glück und Unglück,
Schmerz und Lust. Sie sind nämlich, wie Platon
sagt, mit den entgegengesetzten Enden aneinander
gebunden; wenn man eines beseitigt, beseitigt man
beide.   *Chrysippos*

Wir finden die Wege der Vorsehung allemal weise
und anbetungswürdig in den Stücken, wo wir sie
einigermaßen einsehen können; sollten sie es da
nicht noch weit mehr sein, wo wir es nicht kön-
nen?   *Immanuel Kant*

Wäre es uns möglich, weiter zu sehen, als unser
Wissen reicht … vielleicht würden wir dann unsere
Traurigkeiten mit größerem Vertrauen ertragen als
unsere Freuden. Denn sie sind die Augenblicke, da
etwas Neues in uns eingetreten ist, etwas Unbe-

kanntes; unsere Gefühle verstummen in scheuer Befangenheit, alles in uns tritt zurück, es entsteht eine Stille, und das Neue, das niemand kennt, steht mitten darin und schweigt.

Wir haben uns verwandelt, wie ein Haus sich verwandelt, in welches ein Gast eingetreten ist. Wir können nicht sagen, wer gekommen ist, wir werden es vielleicht nie wissen, aber es sprechen viele Anzeichen dafür, daß die Zukunft in solcher Weise in uns eintritt, um sich in uns zu verwandeln, lange bevor sie geschieht. Und darum ist es so wichtig, einsam und aufmerksam zu sein, wenn man traurig ist: weil der scheinbar ereignislose und starre Augenblick, da unsere Zukunft uns betritt, dem Leben so viel näher steht, als jener andere laute und zufällige Zeitpunkt, da sie uns, wie von außen her, geschieht. Je stiller, geduldiger und offener wir als Traurige sind, um so tiefer und um so unbeirrter geht das Neue in uns ein, um so besser erwerben wir es, um so mehr wird es *unser* Schicksal sein, und wir werden uns ihm, wenn es eines späteren Tages »geschieht« (das heißt: aus uns heraus zu den anderen tritt), im Innersten verwandt und nahe fühlen. Und das ist nötig.   *Rainer Maria Rilke*

Keinem Menschen kann etwas widerfahren, was nicht Menschenlos ist, keinem Stier etwas, was nicht sein Schicksal ist, keinem Weinstock und keinem Stein, was nicht im Bereich der Schicksale beider liegt. Wenn nun jedem nur das widerfährt, was für ihn gewohntes und naturgegebenes Erleben ist, was hast du da für einen Grund, ungehalten zu sein? Hat dir doch die Allnatur noch nie etwas geschickt, was du nicht ertragen konntest! *Marc Aurel*

Zu jedem Zeitpunkt des Lebens, auch im Augenblick der höchsten Freuden, ja selbst im Traume, befindet sich der Mensch und überhaupt das Lebewesen im Zustande des Wünschens, und daher gibt es für den einzelnen, solange er lebt, keinen Moment, in dem er nicht auch leidet; und zwar ist dieses Leid, je nach dem Alter und der Natur des Betreffenden, je nicht seiner anlagemäßigen oder vorübergehenden Empfänglichkeit und Kraft und je nach den mittelbaren oder unmittelbaren Gegebenheiten stärker oder schwächer. *Giacomo Leopardi*

Das Unheil, das dich irgend einmal trifft, kommt aus einer Stunde, die du versäumt hast.

Napoleon Bonaparte

Du denkst von einem Menschen, der dich kränkte, nicht gut, und dieser Gedanke läßt dich nicht mehr los; ja, er kann dich schließlich krank machen, denn er verbraucht deinen Geist und schädigt damit auch den Körper. So mußt du leiden, weil du das feindselige Denken des anderen zu dem deinen gemacht hast. Er denkt von dir wie du von ihm, und so schädigt ihr euch beide und erhaltet somit beide die Schläge der unsichtbaren Kräfte. Leider tobt dieser Widerstreit entgegengesetzter Willensmächte um uns alle. Die Kunst, Feinde – bzw. ihre feindlichen Absichten – zu vergessen, ist deshalb eine Art Selbstschutz. Andauernd freundliches Denken verdrängt allmählich das Übelwollen. Das Gebot Christi, Feinde zu lieben, besagt im Grunde, daß dem Gutdenken jene höhere Kraft innewohnt, die alle Schäden, welche Mißgunst oder Haß uns zuzufügen trachten, abwehren und verhindern kann.

Prentice Mulford

Was von uns verlangt wird, ist, daß wir das *Schwere lieben* und mit dem Schweren umgehen lernen. Im Schweren sind die freundlichen Kräfte, die Hände, die an uns arbeiten. *Rainer Maria Rilke*

Das Leben kann schwer sein, furchtbar schwer. Das Leben kann dich manchmal bis ins Tiefste deiner Seele treffen. In solchen qualvollen Augenblicken sucht jeder Mensch Trost. Ohne Trost kannst du nicht leben. Trost ist aber nicht der Alkohol, nicht die Schlaftablette, nicht die Spritze. Sie betäuben dich für kurze Zeit und stürzen dich dann in noch schwärzere Nacht. *Phil Bosmans*

Bei einem unglücklichen Ereignis, welches bereits eingetreten, also nicht mehr zu ändern ist, soll man sich nicht ein Mal den Gedanken, daß dem anders sein könnte, noch weniger den, wodurch es hätte abgewendet werden können, erlauben: denn gerade er steigert den Schmerz ins Unerträgliche …

Arthur Schopenhauer

Man darf die Klagesaiten nur dann gebrauchen, wenn man entschlossen ist, auf ihnen, mit ihren Mitteln, später auch den ganzen Jubel zu spielen, der hinter jedem Schweren, Schmerzhaften und Ertragenen anwächst und ohne den die Stimmen nicht vollzählig sind.   *Rainer Maria Rilke*

Freude erfordert mehr Hingabe, mehr Mut als der Schmerz. Sich der Freude hingeben heißt, genau so weit das unbekannte Dunkle herausfordern.

Hugo von Hofmannsthal

Überlegen Sie, ob diese großen Traurigkeiten nicht vielmehr mitten durch Sie durchgegangen sind? Ob nicht vieles in Ihnen sich verwandelt hat, ob Sie nicht irgendwo, an irgendeiner Stelle Ihres Wesens sich verändert haben, während Sie traurig waren? Gefährlich und schlecht sind nur jene Traurigkeiten, die man unter die Leute trägt, um sie zu übertönen; wie Krankheiten, die oberflächlich und töricht behandelt werden, treten sie nur zurück und brechen nach einer kleinen Pause um so furchtbarer aus; und sammeln sich an im Innern und sind Leben, sind ungelebtes, verschmähtes, verlorenes Leben, an dem man sterben kann. Wäre es uns möglich, weiter zu sehen, als unser Wissen reicht, und noch ein wenig über die Vorwerke unseres Ahnens hinaus, vielleicht würden wir dann unsere Traurigkeiten mit größerem Vertrauen ertragen als unsere Freuden. Denn sie sind die Augenblicke, da etwas Neues in uns eingetreten ist, etwas Unbekanntes; unsere Gefühle verstummen in scheuer Befangenheit, alles in uns tritt zurück, es entsteht eine Stille, und das Neue, das niemand kennt, steht mitten darin und schweigt. *Rainer Maria Rilke*

Gewiß, ich bin seit zwanzig Jahren leidend [...], aber so paradox es klingen mag, es sträubt sich alles in mir, von irgend jemandem als – krank empfunden zu werden. Denn ein Gefühl wirklichen Krankseins ist bisher meiner noch nicht Herr geworden, trotz allem, und natürliche Depressionen abgerechnet, und wird es hoffentlich auch nie werden. *Christian Morgenstern*

Der gefährlichste Gegner der Kraft ist die Schwäche. *Hugo von Hofmannsthal*

Auch bei einem plötzlich über dich hereinbrechenden Unglück wird diese Kraft die Möglichkeit geben, dich wiederzufinden, aufzuraffen und mit frischem Mute von neuem zu beginnen. Kraft ist ein geistiges Element, dem sich die Materie beugen muß.   *Prentice Mulford*

Frage und Prüfung: Was kannst du? Kannst du dich verkennen, beschimpfen, beschuldigen lassen, ohne auch nur einen Schatten von Zorn wider den Bruder zu fühlen? Noch mehr: Kannst du Unrecht leiden ohne Groll? Man kerkert dich ein, man foltert dich, man hängt dich auf [...]. Könntest du dann leiden und sterben – ohne Verwünschung?

                                                    Christian Morgenstern

Der feste Wille ist die Absicht; bei wem der stark ist, dem gelingt das Streben. Stark aber ist dessen Wille, der auf die Frage: »Wer kann wohl, wenn man vier Unermeßliche Zeitfolgen und hunderttausend Weltalter hindurch in einer Hölle gemartert war, noch hoffen ein Erwachter zu werden?!« – »*Ich!*« zu erwidern vermag.

                                                    Sārasaṅgaho des Siddhahatto

Das ist das Ärgste, was einem Menschen geschehen kann: aus einem Fließenden ein Starrer (ja auch nur ein Stockender) zu werden. Das erkennt mancher und nährt Friedlosigkeit in sich oder unaufhörlichen Zweifel (so tat ich es), oder er ergibt sich einem Streben nach fast Unmöglichem, Ungeheurem. Manche aber überlassen sich ihrer natürlichen Liebe zu Welt und Mensch, und damit geraten sie denn bald in die Strömung unendlichen Lebens, werden hineingerissen in den ewigen Zusammenhang aller Dinge, in dem es keinen Stillstand gibt.

Christian Morgenstern

Das Intensive, sei es wie immer gefärbt, wird am Ende doch lebenszustimmend und -steigernd. Stark empfinden heißt stärker leben, und des Leidens Unsäglichkeit gehört zu dem Kostbarsten, Mächtigsten, Reinsten unseres erschütternden Daseins.

Rainer Maria Rilke

Bei jedem Schmerz sollst du dir vergegenwärtigen, daß er nichts Entehrendes ist und den Geist, die führende Kraft deiner Seele, nicht schlechter machen kann; denn er kann ihn weder in der Kraft des Denkens noch in dem Bewußtsein der mitmenschlichen Verantwortung vernichtend treffen.

Bei den meisten Schmerzempfindungen mag dir auch das Wort Epikurs helfen, daß sie weder unerträglich sind noch ewig während; du brauchst ja nur an ihre natürlichen Grenzen zu denken und sie nicht durch deine Einbildung schlimmer zu machen, als sie sind. Denke auch daran, daß vieles, was dem Schmerz an Wirkung gleichzusetzen ist, unseren Unwillen erregt, ohne daß wir uns das recht eingestehen wollen, z. B. Schläfrigkeit, Fiebertemperatur, Mangel an Appetit. Wenn du über einen dieser Zustände verärgert bist, dann mach dir klar, daß du dem Schmerz zu erliegen drohst!

Marc Aurel

Nur durch Schaden werden wir klug – Leitmotiv der ganzen Evolution. Erst durch unzählige, bis ins Unendliche wiederholte leidvolle Erfahrungen lernt sich das Individuum zum Meister über sein Leben empor. Alles ist Schule. *Christian Morgenstern*

Wunderbar ist der Übergang im Denken, der es möglich macht, das für uns individuell Fürchterliche fast freudig zu betrachten.

Hugo von Hofmannsthal

Es verursacht größere Schmerzen, einen quälenden oder gar furchtbaren Gedanken, der sich festgesetzt hat, mit Gewalt aus dem Hirn zu reißen, als bei ihm zu verweilen.

Giacomo Leopardi

Das Denken bietet Trost und Heilung für alles. Hat es einem wehgetan, so verlange man von ihm das geeignete Gegenmittel, und man bekommt es.

Nicolas Chamfort

Der Schmerz ist verschiedener Art, je nach dem Willen, ihn aufzunehmen. Es gibt ein Schmerzempfinden nach oben wie nach unten.

Hugo von Hofmannsthal

Derselbe Mensch, der eine leichte Erkrankung für ernst hält oder für schwerer, als sie ist, nimmt ein bedenkliches oder gar lebensgefährliches Übel für harmlos und unbedeutender, als er es nehmen sollte. Der Grund ist in beiden Fällen seine Feigheit, die ihn zur Furcht zwingt, wo nichts zu fürchten, und zur Hoffnung, wo nichts zu hoffen ist.

Giacomo Leopardi

Das Beste [...] langer Krankheit ist, daß man einiges für seine Bildung tun kann.   *Theodor Fontane*

Je schlechter es dem Menschen körperlich geht, um so besser geht es ihm geistig. Und daher kann es dem Menschen nie schlecht gehen. Ich habe lange nach einem Vergleich gesucht, der dies zum Ausdruck bringt. Es ist der allereinfachste Vergleich: der Waagebalken. Je größer die Last am körperlichen Ende ist, je schlechter es einem körperlich und im Sinne des irdischen (ebenfalls körperlichen) Ruhms geht, um so höher steigt das geistige Ende, um so besser geht es der Seele.   *Lew Nikolajewitsch Tolstoi*

Meister Dsong sprach: »Ich habe vom Meister gehört, wenn ein Mensch sein eignes Selbst noch nicht entfaltet habe, daß das sicher in der Trauerzeit geschehen werde.«   *Kungfutse*

Von der Einstellung hängt alles ab. Auch Schmerzen leiden wir nach unserer Einbildung. Jeder ist so elend, wie er meint, es zu sein. Darum ist es nötig, alles Klagen über schon gehabte Schmerzen zu un-

terlassen und nie zu sagen: »Welche Qualen habe
ich durchgemacht. Nie ging es mir schlechter. Ich
glaubte, ich würde nie wieder hochkommen.«
Selbst wenn es wahr wäre: Es ist vorüber. Und es
schadet nur, vergangene Schmerzen durch Daran-
denken wiederaufzufrischen und immer noch
elend zu sein, weil man es gewesen ist. Zwei Dinge
also sind zu verbannen: die Furcht vor zukünftigem
und das Andenken an vergangenes Ungemach.
Denn jenes berührt mich noch nicht, dieses existiert nicht mehr. Und über die Widerwärtigkeiten
selbst tröste man sich: Später bereitet es vielleicht
Freude, der jetzigen Leiden zu gedenken. Wie
schnell sind sie vorbei. Man gehe dagegen an; denn
man wird besiegt, wenn man nachgibt; man siegt,
wenn man gegen seinen Schmerz angeht.

Lucius Annaeus Seneca

Es ist einer mit von den Galagedanken mittelmäßi-
ger Schriftsteller geworden, den Bettler vor dem
König glücklich zu preisen. Es ärgert mich nur, daß
ihn so viele Leute sagen, deren Eigentum er nicht
ist, er ist aber wirklich gegründet, ich glaube, daß es
im Krankenbette oft besser zugeht als am ersten
Platz der königlichen Tafel. Ich habe wenigstens in
einer kleinen Kammer als Kranker im Bette zuwei-

len Augenblicke gehabt, die ich den glücklichsten meines übrigen Lebens ohne Scheu gleichsetze; traurige auch, das versteht sich, aber auch ebenso traurige bei vollkommener Gesundheit außer dem Bette. *Georg Christoph Lichtenberg*

Warum ist das Klagen sinnlos? Klagen heißt Fragen stellen und Warten bis Antwort kommt. Fragen aber, die sich nicht selbst im Entstehen beantworten, werden niemals beantwortet. Es gibt keine Entfernungen zwischen Fragesteller und Antwortgeber. Es sind keine Entfernungen zu überwinden. Daher Fragen und Warten sinnlos. *Franz Kafka*

Man soll das Leben nicht schulmeistern und verleumden wegen der Übel, die ihm anhaften, während man dem Guten, das es bietet, nur schwache und oberflächliche Beachtung schenkt. *Plutarch*

Jede Krankheit hat ihren Verlauf, und man muß sie geduldig ertragen, geduldig abwarten und darauf bedacht sein, sich nicht etwa durch Ungeduld Schaden zuzufügen. Das ist sehr schwer, trotzdem aber glaube ich, jeder Kummer und jeder Schmerz erscheinen einem leichter, wenn man sie als etwas Notwendiges hinnimmt.   *Lew Nikolajewitsch Tolstoi*

Geduld ist die Wurzel aller Freuden und aller Fähigkeiten. Die Hoffnung selbst hört auf, ein Glück zu sein, wenn sich die Ungeduld zu ihr gesellt.

John Ruskin

Geduld, Geduld, Geduld ... ein armseliges Wort, aber schließlich immer wieder unser zuverlässigstes. –

Schließlich ist's eben doch der Unwillen der Natur, der so weh tut und ihre gute Gesinnung zum Gleichgewicht, zu dem der Weg für sie durch diese Peinlichkeiten führt. Sie weiß gar nicht, die Natur, daß sie, nebenbei, *uns* Schmerzen macht, während sie sich da um ihre Ordnung bemüht und wehrt. Sie rechnet nicht mit unserem Bewußtsein, und deshalb ist's unsere Aufgabe, den Schmerz auch nicht in unserem Bewußtsein aufzulösen; er verträgt keine Auslegung. Man muß ihn, sozusagen, auf der Stelle aufbrennen lassen, ohne irgend einen Gegenstand des Geistes oder des übrigen Lebens in seinem zuckenden Feuerschein zu betrachten. Er ist sinnvoll nur mit seiner der Natur zugekehrten Seite, auf der anderen ist er absurd, Rohmaterial, unbehauen, ohne Form und Oberfläche, unfaßlich …

Rainer Maria Rilke

Der Mensch verfügt über eine gewaltige Lebenskraft und eine ihm eingepflanzte erlösende Kraft der Ablenkung der Aufmerksamkeit, die jenem erlösenden Ventil in den Dampfkesseln gleicht, das den überflüssigen Dampf herausläßt, sobald seine Dichtigkeit eine bestimmte Norm überschreitet.

Lew Nikolajewitsch Tolstoi

Fragst du nun nach dem Sinn des Lebens, so gibt es nur eine Antwort: aus ihm höchstmöglichste Freude zu empfangen. Jedem neuen Tage soll mit der Gewißheit entgegengesehen werden, daß er zumindest so freudebringend sein wird wie der verflossene. Der Gedanke, daß wir die Pflicht haben, dafür dankbar zu sein, daß wir leben dürfen, darf uns nicht verlassen. Damit werden wir allein schon Schmerz und Krankheit überwinden.

Prentice Mulford

Wie man bei seelischem Kummer sich die Haare
rauft, sich vor die Stirn schlägt, die Wange zer-
fleischt oder gar wie Ödipus die Augen ausbohrt:
So ruft man gegen heftige körperliche Schmerzen
mitunter eine heftige bittere Empfindung zu Hilfe,
durch Erinnerung an Verleumder und Verdächtiger,
durch Verdüsterung unserer Zukunft, durch Bos-
heiten und Dolchstiche, welche man im Geiste gegen Abwesende schleudert. Und es ist bisweilen dabei wahr: daß ein Teufel den andern austreibt – aber
man *hat* dann den andern. – Darum sei den Kranken jene andere Unterhaltung anempfohlen, bei
der sich die Schmerzen zu mildern scheinen: über
Wohltaten und Artigkeiten nachzudenken, welche
man Freund und Feind erweisen kann.

Friedrich Nietzsche

Wie sich zu Freuden oft die Leiden gesellen, so die
Leiden zu den Freuden. Es ist nicht zu glauben, wie
weit das Entzücken über falschen Kummer geht,
wenn die Seele fühlt, daß sie Aufmerksamkeit und
Mitgefühl auf sich lenkt. Dies ist ein angenehmes
Gefühl. Diese Unterstützung für die Seele zeigt sich
recht naiv beim Spiel: Während der eine sich beim
Gewinnen brüstet und sich für bedeutender hält,
weil er gewinnt, sieht man, wie die Verlierenden

sich durch ihre kleinen Klagen ungezählte kleine Tröstungen bei ihrer Umgebung verschaffen. Man spricht von sich: Das genügt der Seele.

Mehr noch: Der wahre Kummer langweilt niemals, weil er die Seele intensiv beschäftigt. Es ist eine Freude, wenn sie sich gerne mitteilen, es ist wieder eine andere, wenn sie gerne schweigen, und zwar eine so große, daß man niemanden von seinem Schmerz ablenken kann, ohne ihm einen größeren zu bereiten.   *Charles de Montesquieu*

Trägst du deine Last, dann wisse, daß es gut ist, sie zu haben. Mach das Beste aus dieser Last und entnimm ihr alles, was du für dein Geistesleben brauchst, wie auch dein Magen dem Essen alles Notwendige für deinen Leib entnimmt oder das Feuer heller brennt, wenn du etwas Holz auflegst.
                                        Marc Aurel

Ich hörte einen Landmann, der gewohnt war, elementare Katastrophen als schwere Schicksalsschläge zu betrachten, von den Wirkungen einer Überschwemmung erzählen, die er kurz zuvor erlebt hatte. Er berichtete, es sei sehr großer Schaden angerichtet worden, und beklagte das, fügte dann aber hinzu, nichtsdestoweniger sei es schön und erhebend gewesen, den tobenden Schwall und die Gewalt des Hochwassers mit Augen und Ohren wahrzunehmen. So richtig ist es also, daß es den Men- schen zum Lebendigen drängt, und daß alle starken und lebhaften Sinneseindrücke, wenn sie nur nicht zu körperlichem Weh und nicht zu Schäden und zu drohender Gefahr führen, eben weil sie stark und lebhaft sind, Genuß bringen, mögen sie sonst auch peinlich und furchtbar sein.

Giacomo Leopardi

Ein Wirbelsturm dauert keinen Morgen lang.
Ein Platzregen dauert keinen Tag.
Und wer wirkt diese?
Himmel und Erde.
Was nun selbst Himmel und Erde nicht dauernd vermögen, wieviel weniger kann das der Mensch?

Laotse

Man suche sich jemanden, der das Unglück tragen hilft. So wird man nie, zumal nicht bei Gefahren, allein sein und nicht den ganzen Haß auf sich laden. Einige vermeinen, die ganze Ehre der oberen Leitung allein davonzutragen, und tragen nachher die ganze öffentliche Unzufriedenheit davon. Auf die andere Art hingegen hat man jemanden, von dem man entschuldigt wird oder der das Schlimme tragen hilft. Weder das Geschick noch der große Haufe wagen sich so leicht an zwei; deshalb auch der schlaue Arzt, wenn er die Kur verfehlt hat, doch nicht verfehlt, sich einen andern zu suchen, der unter den Namen einer Konsultation ihm hilft, den Sarg hinauszuschaffen. Man teile mit einem Gefährten Bürden und Betrübnisse, denn dem, der allein steht, fällt das Unglück doppelt unerträglich.

Baltasar Gracián

Bezeugen wir unseren Freunden unsere Teilnahme nicht durch Mitklagen, sondern durch Mitsorgen!

Epikur

Wer einem Kranken seine Ratschläge gibt, erwirbt sich ein Gefühl von Überlegenheit über ihn, sei es, daß sie angenommen oder daß sie verworfen werden. Deshalb hassen reizbare und stolze Kranke die Ratgeber noch mehr als ihre Krankheit.

Friedrich Nietzsche

Gold prüft man im Feuer, die Freunde aber erkennt man im Unglück. *Isokrates*

Man hüte sich, zu lange krank zu sein: denn bald werden die Zuschauer durch die übliche Verpflichtung, Mitleiden zu bezeigen, ungeduldig, weil es ihnen zu viel Mühe macht, diesen Zustand lange bei sich aufrecht zu erhalten – und dann gehen sie unmittelbar zur Verdächtigung eures Charakters über, mit dem Schlusse: »Ihr *verdient* es, krank zu sein, und wir brauchen uns nicht mehr mit Mitleiden anzustrengen.«   *Friedrich Nietzsche*

Nichts ist beglückender, als wenn man sich wieder wirklich in Gebrauch nehmen kann, sei es nun zu Gunsten von Plänen oder von Erinnerungen; am schönsten, wenn beides zusammenwirkt und, das Eine im Anderen fortzusetzen, Lust und Freiheit entsteht.   *Rainer Maria Rilke*

Wenn alles so traurig ist, daß keiner mehr lachen kann, und alles so aussichtslos, daß es nichts mehr zu lachen gibt, dann kann allein der Humor immer noch ein Lächeln hervorzaubern. Nicht weil es Freude gibt, gibt es Humor, sondern dort, wo alle Freude gestorben ist, an den dunklen Tagen voller Ängste, gerade dort lebt der Humor.

Humor hilft, trotz allem zu lachen. Humor findet man nicht durch krampfhaftes Suchen. Humor ist ein Geschenk. Humor läßt den Kopf lachen, während das Herz weint. Man entdeckt plötzlich, wie Elefanten Mäuschen gebären, wie aufgeblasen Menschen sind, die andere heruntermachen. Und man wird weniger empfindlich. *Phil Bosmans*

Auch im Leid wird der Gläubige wahrhaft an seinem Ort sein, auch im verzweifelten Augenblick.
Hugo von Hofmannsthal

Es kommt immer anders! Das ist das wahrste Wort und im Grunde auch zugleich der beste Trost, der dem Menschen in seinem Erdenleben mit auf den Weg gegeben worden ist. *Wilhelm Raabe*

Sï Ma Niu fragte nach dem Wesen des Edlen. Der Meister sprach: »Der Edle ist ohne Trauer und ohne Furcht.« Er sprach: »Ohne Trauer und ohne Furcht sein: *Das* heißt ein Edler sein?« – Der Meister sprach: »Wenn einer sich innerlich prüft und kein Übles da ist, was sollte er da traurig sein, was sollte er fürchten?« *Kungfutse*

Immer sollten dir die vier Heilmittel zur Hand sein: Vor Gott braucht man keine Angst zu haben. Der Tod bedeutet Empfindungslosigkeit. Das Gute ist leicht zu beschaffen. Das Schlimme ist leicht zu ertragen.   *Epikur*

»Endlich einmal kommt sie doch, jene Stunde, die dich in die goldene Wolke der Schmerzlosigkeit einhüllen wird: wo die Seele ihre eigene Müdigkeit genießt und glücklich im geduldigen Spiele mit ihrer Geduld den Wellen eines Sees gleicht, die an einem ruhigen Sommertage, im Widerglanze eines buntgefärbten Abendhimmels, am Ufer schlürfen, schlürfen und wieder stille sind – ohne Ende, ohne Zweck, ohne Sättigung, ohne Bedürfnis – ganz Ruhe, die sich am Wechsel freut, ganz Zurückebben und Einfluten in den Pulsschlag der Natur.« Dies ist Empfindung und Rede aller Kranken: Erreichen sie aber jene Stunden, so kommt, nach kurzem Genusse, die Langeweile. Diese aber ist der Tauwind für den eingefrornen Willen: Er erwacht, bewegt sich und zeugt wieder Wunsch auf Wunsch. – Wünschen ist ein Anzeichen von Genesung oder Besserung.   *Friedrich Nietzsche*

Man könnte den Menschen zum halben Gott bilden, wenn man ihm durch Erziehung alle Furcht
zu benehmen suchte. Nichts in der Welt kann den
Menschen sonst unglücklich machen als bloß und
allein die Furcht. Das Übel, das uns trifft, ist selten
oder nie so schlimm als das, welches wir befürch-
ten.

Friedrich Schiller

Bedenke, daß die menschlichen Verhältnisse insgesamt unbeständig sind; dann wirst du im Glück
nicht zu fröhlich und im Unglück nicht zu traurig
sein.

Isokrates

Wie man empfindet, so will man empfunden sein

Von innerer Freiheit und Kraft

DIESE WELT IST EIN NICHTS, *was* ist, das bin ich,
meine Seele.   *Lew Nikolajewitsch Tolstoi*

Eine gewisse feinere transzendente Eitelkeit ist ein
Element, ohne das wir nicht leben könnten. Wie
ein gekrümmter Spiegel malt sie uns ein All, dessen
belebende Mitte wir selber sind; ohne sie, fühlen
wir, würden wir uns selber entstürzen ins Finstere,
Weltlose.   *Hugo von Hofmannsthal*

Mensch, dein Organismus ist nicht der Organismus
einer ungeistigen, physischen Welterscheinung, er
ist nicht der Organismus des Pflanzenreichs, er ist
nicht der Organismus des Tierreichs, er ist der Organismus einer sinnlichen Hülle, in der ein göttliches Wesen ruht und lebt. Die Wurzel deines Lebens, die Gutes und Böses, Heiliges und Unheiliges
aus ihrem sinnlichen Selbst und aus ihren sinnlichen Umgebungen einsaugt, ist nicht physisch gebunden, sie ist über alle physischen Bande erhaben,
sie ist frei. Sie verbindet die Kräfte des physischen
Wachstums, die in ihr wie in der Pflanze liegen, mit
der Kraft des Gärtners, der, wenn die Erde um einen Baum herum hart ist wie ein Fels, sie zu be-

wässern und zu befeuchten vermag, und der
ebenso, wenn sein Baum im Sumpf steht, so daß
seine Wurzeln abfaulen könnten, den Sumpf abgra-
ben kann, daß dieselben wieder im Trocknen stehen und nur die nötige Feuchte haben. Wie immer
der Baum den Einflüssen der toten Natur unter-
liegt und der Geist seines Organismus gegen dieselbe keine Gewalt hat, so ist hingegen der höhere
Geist, der im menschlichen Organismus lebt, frei,
seine sinnliche Natur und seine sinnlichen Umgebungen zu seinem Verderben auf sich einwirken zu
lassen, oder aber auch, ihre Gewalt still zu stellen
und sie mit der Kraft des lebendigen Gottes, der in
ihm ist, zu beherrschen. Der Wille des Menschen,
dieser eigentliche Geist der Einsaugungskraft des
Guten und des Bösen, der in der Menschennatur
ist, ist frei. Der Mensch hat ein Gewissen.

Johann Heinrich Pestalozzi

Du bist etwas Wertvolles, du bist ein Stückchen von
Gott, du trägst einen Teil von ihm in dir. Warum
verkennst du nun deinen Adel? Warum weißt du
nicht, woher du gekommen bist? Willst du nicht,
wenn du issest, daran denken, wer du bist, der da
ißt, und wen du ernährst? Bei Verkehr und Gesellschaft, wer du bist, der da mit andern verkehrt und

umgeht, bei den Turnübungen, bei der Unterhaltung? Weißt du da nicht, daß es ein Gott ist, den du nährst und den du übst? Einen Gott trägst du in dir, du Unglücklicher, und du weißt es nicht!

Epiktet

Niemand kennt sich, insofern er nur er selbst und nicht auch zugleich ein anderer ist. *Friedrich Schlegel*

Ich habe mit eigenen Augen gesehen, wie ein zutraulicher und sehr gutartiger Kanarienvogel, als man ihn kaum vor einen Spiegel gesetzt hatte, sich so über sein Bild ärgerte, daß er mit eingezogenen Flügeln und gehobenem Schnabel darauf losfuhr.

Giacomo Leopardi

Im Innern aller Leute leben zwei Menschen. Der eine, geistige, strebt nach dem Heil, das auch anderen zum Heil gereiche; und der andere, der animalische Mensch, nur nach dem eigenen Heil, bereit, diesem das Wohl der ganzen Menschheit zum Opfer zu bringen. *Lew Nikolajewitsch Tolstoi*

Ohne die Selbstliebe ist kein Leben möglich, auch nicht der leiseste Entschluß, nichts als Verzweiflung und Starrheit.   *Hugo von Hofmannsthal*

Die Vorstellung, die wir uns von einer Seele machen, hat viel Ähnliches mit der von einem Magneten in der Erde. Es ist bloß Bild. Es ist ein dem Menschen angeborenes Erfindungsmittel, sich alles unter diesen Formen zu denken.

Georg Christoph Lichtenberg

[...] als Drittes dann die innere Landschaft, die die Seele aus ihrem Zustand vor der Geburt mit in die Welt bringt, die das Wesen und die Farbe des Traumes bestimmt, des Traumes in der weitesten Bedeutung, wie überhaupt die heimlichen und unbewußten Richtwege des Geistes, die sein Klima sind, seine eigentliche Heimat. Nicht etwa nur Phantasiegestaltung von Meer und Gebirge, Höhle, Park, Urwald, das paradiesisch Ideale der unreifen Sehnsucht, der Aus- und Zuflucht alles Ungenügens an der Gegenwart, ist unter der inneren Landschaft zu verstehen, vielmehr ist sie der Kristall des wahren Lebens selbst, der Ort, wo seine Gesetze diktiert werden und wo sein wirkliches Schicksal erzeugt

wird, von dem das in der sogenannten Wirklichkeit
sich abspielende vielleicht bloß Spiegelung ist.

Jakob Wassermann

Der Sitz der Seele ist da, wo sich Innenwelt und
Außenwelt berühren. Wo sie sich durchdringen –
ist er in jedem Punkte der Durchdringung.

Novalis

Der Meister sprach: »Wer kann hinausgehen, es sei
denn durch die Tür; warum doch wandeln die
Menschen nicht auf diesem Pfade?«   *Kungfutse*

Man darf sich nicht von fremdem Leben überfluten
lassen, vielmehr muß das Leben, wenn auch nur mit
schwachem Strahl, aus uns selbst kommen.

Lew Nikolajewitsch Tolstoi

Suche ich es auf, so werde ich es finden. Werfe ich
es fort, so werde ich es verlieren. In diesem Aufsu-
chen und Finden liegt dein Gewinn, das heißt den
Himmelsadel in dir finden. In diesem Suchen liegt
der *Weg* und in dem Finden offenbart sich der Wille
des Himmels. Aus dem Suchen erwächst dir kein
Gewinn, suchst du es draußen.   *Mengtse*

Wenn du einzig und allein an der Oberfläche lebst, wenn dich nur dein Äußeres interessiert, deine Aufmachung, dein Aussehen und dein Ansehen, dann hängt dein Glück an einem launischen Pendel: heute glücklich – morgen unglücklich, heute in Stimmung – morgen verzweifelt.

Geh in dich hinein! Tu etwas für dein Inneres, für die Inneneinrichtung deines Herzens. Da sind die Kräfte und Stimmungen, die dich verwirren oder überglücklich machen. *Phil Bosmans*

Deine Besinnung muß bei dir selbst beginnen, damit du dir selbst nicht gleichgültig geworden, dich vergeblich anderen zuwendest. Was nützt es dir, wenn du die ganze Welt gewinnst und einzig dich verlierst? Denn wärest du auch weise, so würde es dir doch an Weisheit fehlen, solange du über dich selbst nicht Bescheid weißt. Wieviel dir wohl fehlte? Nach meinem Empfinden alles. Du könntest alle Geheimnisse kennen, du könntest die Weite der Erde kennen, die Höhen des Himmels, die Tiefen des Meeres: Wenn du dich selbst nicht kennst, glichest du jemandem, der ohne Fundamente eine Ruine statt eines Gebäudes errichtete. Alles, was du außerhalb deiner selbst aufrichtest, wird wie ein

Staubhaufen sein, der dem Wind preisgegeben ist. Keiner ist also weise, der nicht über sich selbst Bescheid weiß. Ein Weiser wird in Weisheit über sich selbst Bescheid wissen und trinkt als erster aus dem Quell seiner eigenen Wassergrube.

Fang mit deiner Besinnung also bei dir selbst an, und nicht nur dies: Laß sie auch bei dir enden. Wohin dein Sinn auch schweifen mag, rufe ihn zu dir zurück, und du erntest Früchte des Heils. Beginne und ende bei dir selbst. Nimm dir als Beispiel den höchsten Vater aller, der sein Wort aussendet und zugleich bei sich behält. Dein Wort, das ist dein Nachsinnen. Wenn es Fortschritte macht, soll es sich nicht von dir entfernen. Es soll sich so vorwärts bewegen, daß es sich nicht von dir wegbewegt. Es soll so aufbrechen, daß es dich nicht im Stich läßt. Wenn es um dein Heil geht, hast du keinen besseren Bruder als dich selbst. Verschließe dich vor allen Gedanken, die gegen dein eigenes Heil gerichtet sind. Was sage ich »gegen«? Ich hätte besser sagen sollen, die abseits von deinem Heil liegen. Was immer sich dir zum Nachsinnen anbietet, weise es zurück, wenn es nicht auf irgendeine Weise deinem Heil dient. *Bernhard von Clairvaux*

Steh froh auf zu deinem Werktage, wenn du es kannst. Und kannst du es nicht, was hindert dich daran? Ist da etwas Schweres im Wege? Was hast du gegen das Schwere? Daß es dich töten kann. Es ist also mächtig und stark. Das weißt du von ihm. Und was weißt du vom Leichten? Nichts. An das Leichte haben wir gar keine Erinnerung. Selbst wenn du also wählen dürftest, müßtest du nicht eigentlich das Schwere wählen? Fühlst du nicht, wie verwandt es mit dir ist? … Und bist du nicht im Einklang mit der Natur, wenn du es wählst? Meinst du, dem Keim wäre es nicht leichter, in der Erde zu bleiben? – Es gibt gar nicht ein Leichtes und ein Schweres. Das Leben selbst ist das Schwere. Und leben willst du doch? Du irrst also, wenn du *das* Pflicht nennst, daß du das Schwere auf dich nimmst. Es ist Selbsterhaltungstrieb, was dich dazu drängt. Was aber ist denn Pflicht? Pflicht ist, das Schwere zu lieben … du mußt da sein, wenn es dich braucht.

Rainer Maria Rilke

Die meisten Menschen fühlen nicht, sie glauben zu fühlen; sie glauben nicht, sie glauben, daß sie glauben.

Denis Diderot

Ich glaube, daß Enttäuschung zu Zeiten eine gesunde Arznei ist, und wir in ihrer Einsamkeit, wie in dem von Tizian so geliebten Zwielicht, die Farben der Dinge mit tieferer Wahrheit sehen können, als in dem blendendsten Sonnenschein.   *John Ruskin*

Wie man empfindet, so will man empfunden sein.
Hugo von Hofmannsthal

Herzenswunden, die von einem Riß des geistigen Ichs herkommen, vernarben ganz wie physische Wunden; so seltsam es auch erscheinen mag, nachdem die tiefe Wunde geheilt und scheinbar an ihren Rändern geschlossen ist – Herzenswunden vernarben ganz wie physische, nur durch die von innen herausdrängende Kraft des Lebens.
Lew Nikolajewitsch Tolstoi

Nur Menschen, die einer starken Liebe fähig sind, können auch starken Gram empfinden; aber eben dieses Liebesbedürfnis dient ihnen als Gegengewicht gegen den Gram und heilt ihn so. Infolgedessen ist die geistige Natur des Menschen noch lebenskräftiger als die körperliche. Gram tötet niemals.
Lew Nikolajewitsch Tolstoi

In der Angst vereinzelt sich der Mensch vollständig. Er macht sich von seinen Liebsten los; ja, es bedrückt ihn nicht einmal, sie preiszugeben, wenn er sich nur retten kann. So darf man denn wohl behaupten, daß die Angst der Gipfel und Inbegriff des Egoismus sei; denn der von Angst Besessene kümmert sich selbst um das Nächstliegende nicht. Er reißt sich von ihm los und denkt einzig und allein an sein Ich und ohne Rücksicht auf andere an die bloße Erhaltung seiner Person.   *Giacomo Leopardi*

Der Meister sprach: »Ein Mensch ohne Menschenliebe, was hilft dem die Form? Ein Mensch ohne Menschenliebe, was hilft dem die Musik?«

Kungfutse

Ja, das ist eines der Geheimnisse des Lebens: die Seele durch die Sinne heilen können und die Sinne durch die Seele.   *Oscar Wilde*

Wenn man leidet, muß man Einkehr halten, nicht nach Streichhölzern suchen, sondern das Licht löschen, das gerade leuchtet und uns darin hindert, unser wahres *Ich* zu erkennen. Man muß das Stehaufmännchen, das auf dem Kopfe stand, herumdrehen und es auf seinen Bleifuß stellen, dann wird alles klar, dann schwindet ein großer Teil des Leidens – jener ganze Teil, der nicht körperlicher Natur ist.

Lew Nikolajewitsch Tolstoi

Man muß nicht über Vergangenes klagen noch vor Zukünftigem bangen: Das ist ein Zeichen von Seelenruhe und ein Beweis gelassener Denkart. Man richte seinen Sinn auf das, was jeder Tag bringt, und an jedem Tage wieder auf den Augenblick, in dem man etwas tut oder bedenkt, denn uns gehört allein die Gegenwart.

Aristippos

Dsï Dschang fragte, wie man sein Wesen erhöhen und Unklarheiten unterscheiden könne. Der Meister sprach: »Treu und Glauben zur Hauptsache machen, der Pflicht folgen: Dadurch erhöht man sein Wesen. Einen lieben und wünschen, daß er lebe; einen hassen und wünschen, daß er sterbe: Also wünschen, daß einer lebe, und wieder wünschen, daß einer sterbe, das ist Unklarheit.« ›Wahrlich nicht um ihres Reichtums willen. Einzig nur um ihrer Besonderheit willen.‹

Kungfutse

Wenn dein Alltag dir arm scheint, klage ihn nicht an; klage dich an, daß du nicht stark genug bist, seine Reichtümer zu rufen; denn für den Schaffenden gibt es keine Armut und keinen armen, gleichgültigen Ort. *Rainer Maria Rilke*

Dsï Gung, der sich in hoher amtlicher Stellung befand, sprach in pompöser Weise bei Yüan Hiën vor. Yüan Hiën empfing ihn in ärmlicher, zerrissener Kleidung. Dsï Gung fragte ihn darauf, ob er übel dran sei, worauf er antwortete: »Ich habe gehört, daß, wer kein Geld hat, arm sei; wer aber die Wahrheit sucht und nicht imstande ist, sie zu finden, übel dran sei.« Auf diese Antwort hin hat Dsï Gung sich verlegen zurückgezogen. *Kungfutse*

Vor grauen Fensterscheiben. – Ist denn das, was ihr durch dies Fenster von der Welt seht, so schön, daß ihr durchaus durch kein anderes Fenster mehr blicken wollt – ja selbst andere davon abzuhalten den Versuch macht? *Friedrich Nietzsche*

Wo ist dein Selbst zu finden? Immer in der tiefsten Bezauberung, die du erlitten hast.

Hugo von Hofmannsthal

Denke ich mich und was immer Zweites dazu – und wär es die Landkarte von Griechenland – so sehe ich wie durch ein Fenster in mich hinein.

Hugo von Hofmannsthal

Man kann gar nicht oft genug im Leben das Gefühl des Anfangs in sich aufwecken, es ist so wenig äußere Veränderung dafür nötig, denn wir verändern ja die Welt von unserem Herzen aus, will dieses nur neu und unermeßlich sein, so ist sie sofort wie am Tage ihrer Schöpfung und unendlich.

Rainer Maria Rilke

Freiheit ist Befreiung von der Illusion, der Täuschung der Persönlichkeit. *Lew Nikolajewitsch Tolstoi*

Wer nicht mehr in Illusionen lebt, der hat auch kein Herz mehr; denn unser Gefühl, wodurch es auch geweckt sein mag, ist ohne eine losere oder festere Beziehung zu unseren Mitmenschen nicht denkbar. Wie soll man sich aber für etwas erwärmen, wenn man erkannt hat, wie elend und vergänglich es ist? Sobald die Welt, in der allein das Herz weit werden kann, den Schleier fallen läßt, sobald dem Menschen der Glaube an die Kräfte der Seele schwindet, ist sein Gefühl dahin.

Giacomo Leopardi

Wodurch Aladdin groß ist, ist sein Wunsch, daß seine Seele Mark hat zu begehren. Und sollte ich in dieser Hinsicht etwas gegen ein Meisterstück einwenden, so wäre es, daß nicht stark und deutlich genug hervortritt, daß Aladdin eine berechtigte Individualität ist, daß wünschen und wünschen können, dummdreist wünschen, resolut zugreifen, unersättlich begehren eine Genialität ist, so groß wie eine andere. Man glaubt es vielleicht nicht, und doch werden in jeder Generation vielleicht nicht zehn Jünglinge geboren, die diesen blinden Mut, diesen Griff ins Unendliche haben.

Søren Kierkegaard

Vieles wird nicht gewagt, weil es schwer erscheint; vieles erscheint nur darum schwer, weil es nicht gewagt wird.   *Wenzel Anton Kaunitz*

Der helle Sonnenschein und das strahlende Blau
des Himmels, eine heitere Landschaft, ein fröhli-
ches Kinderlachen, ein aufmunterndes Wort – all
das kann in der Seele neues Leben wecken. Was davon in die Sinne fällt, ist Ausdruck eines Geistigen,
das in die Seele aufgenommen zu werden verlangt,
um darin Leben zu gewinnen. Indem es aber darin
aufgenommen wird, entfaltet es eine lebenspen-
dende Kraft. Darin enthüllt sich noch einmal ein
neuer Zusammenhang zwischen *Sinn* und *Kraft*.

Edith Stein

Fragen wir uns noch einmal: »Was ist Kraft?« – Die
Antwort lautet: »Hast du Vertrauen und Begeisterung nebst der nötigen Energie für deine Pläne, die
alle hemmenden Einflüsse zu überwinden vermag,
so hast du Kraft! Bist du aber schon nach einigen
fehlgeschlagenen Versuchen entmutigt, so hast du
keine!«

Prentice Mulford

Die Kraft des Gedankens ist unsichtbar wie der
Same, aus dem ein riesiger Baum erwächst; sie ist
aber der Ursprung für die sichtbaren Veränderun-
gen im Leben der Menschen.

Lew Nikolajewitsch Tolstoi

Jan Kiu sprach: »Nicht daß ich des Meisters Lehre nicht liebte, aber meine Kraft reicht nicht aus dafür.« Der Meister sprach: »Wem seine Kraft nicht ausreicht, der bleibt auf halbem Wege liegen, aber du beschränkst dich ja von vornherein selber.«

Kungfutse

Aber geben wir ein noch alltäglicheres Beispiel: Wenn wir etwa, in Wut gebracht, etwas zerreißen oder wegen irgend einer uns wider den Strich gegangenen Kleinigkeit wie verrückt durch das Zimmer rasen, so verbrauchen wir eine unnötige Kraft. Und wenn wir dazu die vielen Nichtigkeiten bedenken, die wir unnötigerweise tun: dann ist das eine ständige Kraftabgabe, der keine Krafteinnahme gegenübersteht. Diese stete Kraftabgabe wirkt sich auf die Dauer ungünstig aus und kann zu Erschöpfung, Krankheit oder gar zum Tode führen.

Prentice Mulford

Aushalten und Geduld haben, keine Hilfe erwarten als die ganz große, nahezu wunderbare, das hat mich von Kindheit auf weitergebracht; und so möcht ich auch diesmal, trotzdem das Elend etwas länger vorhält als gewöhnlich, meine Natur nicht durch äußere Stöße vorwärtsbringen, sondern, als

der Letzten einer, warten, bis sie selber den entscheidenden Sprung tut: Nur dann weiß ich, daß
es meine eigene und echte Kraft war, und nicht
eine geborgte oder gar nur ein fremdes Ferment,
das in die Höhe gärt, um wieder zurückzusinken
unter trüben Niederschlägen.　　*Rainer Maria Rilke*

Jeder deiner Gedanken hat für dich auf jede mögliche Weise wirklichen Wert. Die Kraft deines Körpers und Geistes, dein Erfolg in deinem Unterneh-
men, das Vergnügen, das deine Gesellschaft anderen
bereitet: Alles das hängt von der Beschaffenheit deiner Gedanken ab. Jeder deiner Gedanken ist ein Teil
von dir und wird von anderen als dieser Teil empfunden. Du brauchst nicht immer zu sprechen, um
ein angenehmer Gesellschafter zu sein. Die Menschen werden dich angenehm empfinden, wenn du
angenehme Gedanken denkst. Du brauchst auch
nicht immer zu sprechen, um unangenehm empfunden zu werden. Die Menschen, die um dich
sind, werden dich unangenehm empfinden, wenn
du unangenehme Gedanken denkst. Die magneti-
sche Kraft der Menschen ist ihr Denken, ihre Geistigkeit. Trauer, Eifersucht, Spott oder Zynismus
stoßen ab. Freude, Hoffnung, der ernste Wille,

jedem, den du triffst, Gutes zu tun, und sei es auch nur für die Minute: Eine solche Geistigkeit zieht an.

Prentice Mulford

Was ist innere Freiheit? – Im Einzelnen zugleich das Allgemeine und Notwendige zu erkennen.

Hugo von Hofmannsthal

Willensfreiheit ist das bewußte Begreifen des eigenen Lebens. Frei ist, wer sich als lebendig begreift. Und sich als lebendig begreifen heißt, das Gesetz seines Lebens zu begreifen, heißt, danach zu streben, das Gesetz des eigenen Lebens zu erfüllen.

Lew Nikolajewitsch Tolstoi

Es ist notwendig, daß du kühn genug bist, jeder Frage, die dir entgegentritt, fest ins Auge zu sehen, und bescheiden genug, zu erkennen, wenn sie für dich zu schwer ist. Vor allem sieh zu, daß du bescheiden bist in deinen Gedanken, denn des einen können wir ganz sicher sein, daß alle unsere Gedanken nur Grade der Dunkelheit sind.

John Ruskin

Wenn jemand viele Verpflichtungen hat, vernach-
lässigt er die Pflichten gegen sich selbst, gegen seine
Seele; aber nur sie sind wichtig. Arme Zaren, die
sich einbilden, so viele wichtige Verpflichtungen zu
haben.   *Lew Nikolajewitsch Tolstoi*

Nichts tut mehr weh, als wenn die Menschen eine
schlechte Meinung von dir haben, und nichts ist
andererseits nützlicher, nichts befreit mehr vom falschen Leben.   *Lew Nikolajewitsch Tolstoi*

Verachtet mich jemand? Das ist seine Sache. Meine
Sache aber ist es, in meinem Handeln und Reden
nicht der Verachtung würdig befunden zu werden.
Haßt mich jemand? Das ist seine Sache; ich aber
will freundlich und wohlwollend gegen jedermann
sein und jenem selbst gegenüber bereit, ihn auf sein
Versehen aufmerksam zu machen, nicht im Tone
des Vorwurfs und ohne ihn fühlen zu lassen, daß ich
an ihm etwas zu tragen habe, sondern aufrichtig
und ehrlich.   *Marc Aurel*

Die Voraussetzung für ein glückliches Leben liegt in der Seele, wenn sich der Mensch nur den sittlich belanglosen Dingen gegenüber gleichgültig zu verhalten weiß. Dazu wird er in der Lage sein, wenn er jedes einzelne dieser gleichgültigen Dinge für sich definitorisch erfaßt und bedenkt, daß uns keines von ihnen ein Urteil über sich aufzwingen kann oder auf uns zukommt, sondern daß es in Ruhe verharrt, während wir es sind, die sich die Urteile über sie bilden und gleichsam in unsere Seele einschreiben; dabei steht es durchaus in unserer Macht, dies zu unterlassen, und wenn sie sich irgendwie eingeschlichen haben, ihre Spur zu tilgen. Und es gilt ferner zu bedenken, daß eine solche Aufmerksamkeit nur kurze Zeit erforderlich ist und das Leben bald zu Ende sein wird. Weshalb willst du dich ärgern, daß dies oder jenes anders ist, als du dachtest? Wenn es naturgemäß ist, dann freue dich darüber, und es wird dir nicht mehr zur Last zu fallen; ist es wider die Natur, dann stelle fest, was deiner Natur entspricht, und gehe dem mit Eifer nach, auch wenn es dir keinen Ruhm einbringt; denn es ist keinem zu verargen, daß er das Gut zu gewinnen sucht, das seiner besonderen Art entspricht.

Marc Aurel

Kann wohl den Wert des Menschen jemand kennen, der nicht in der Welt Hitze und Kälte erlitten
hat? *Kjatibi Rumi*

Wer den Frieden der Seele hat, beunruhigt weder
sich selbst noch einen andern. *Epikur*

Wenn sich jemand diese Anschauung so, wie es sich
gebührt, zu eigen machen kann, daß wir eigentlich
alle von Gott abstammen und daß Gott der Vater
der Menschen und Götter ist, so wird er, glaube
ich, keinen unedlen und kleinmütigen Gedanken
mehr über sich fassen. *Epiktet*

Du kannst die wirkliche Sonne, d. h. natürliches
Licht und Farbe nicht aufrichtig lieben, wenn du
nicht die geistige Sonne, Gerechtigkeit und Wahrheit aufrichtig liebst. Für ungerechte und unwahre
Leute gibt es keine wirkliche Freude an natürli-
chem Licht; sie wissen nicht einmal, was das Wort
bedeutet. Das ganze System modernen Lebens ist
durch die unheimlichsten Erscheinungen der Ungerechtigkeit und Unwahrheit verderbt und bis auf

den Punkt getrieben, wo diese nicht mehr als solche erkannt werden – denn so lange Bill Sykes weiß, daß er ein Räuber, und Jeremy Diddler, daß er ein Schurke ist, ist beiden noch etwas Himmelslicht geblieben – wenn aber alle stehlen, betrügen, friedlich zur Kirche gehen und das Licht ihres ganzen Leibes Finsternis ist, wie groß ist dann die Finsternis! Die physische Folge jener geistigen Niederträchtigkeit ist gänzliche Achtlosigkeit gegen die Schönheit des Himmels, die Reinheit der Ströme und das Leben der Tiere und Blumen. *John Ruskin*

Glanz entwürdigt nicht – sonst wäre es schmerzlich, einen prachtvollen Sonnenuntergang zu schauen. Wer eins ist mit Gott oder mit der unendlichen, nie begreiflichen Kraft, die das Weltall regiert, der lebt im Strahle höchster spiritualer Kraft. Der kann kein Armer sein – so wenig Gott ein Armer ist. Und diese unendliche Kraft gibt jenen, die sie mit Eifer suchen, »gute Gaben«. *Prentice Mulford*

Jeder nimmt es an, der im Leben voranzukommen wünscht, ohne zu wissen, was Leben ist, der meint, daß es sich darum handelt, mehr Pferde, mehr Diener, mehr Vermögen und mehr öffentliche Ehre zu erlangen und – *nicht* mehr persönliche Seele. Der nur kommt im Leben vorwärts, dessen Herz sanfter, dessen Blut wärmer, dessen Verstand schärfer wird und dessen Geist in den lebendigen Frieden eingeht. Die Menschen, welche dieses Leben in sich haben, sind die wahren Herren und Könige der Erde – sie und sie allein. *John Ruskin*

Man muß sein wie eine Lampe, abgeschirmt gegen äußere Störungen – den Wind, Insekten, und gleichzeitig rein, durchsichtig und mit heißer Flamme brennend. *Lew Nikolajewitsch Tolstoi*

XI

Der Ursprung von allem

Der Seele Sehnsucht nach Gott

DURCH GLAUBEN WIRD LEBEN erst zum Leben, auch in seinen zartesten Gliedern.

Hugo von Hofmannsthal

Gott ist der Ursprung von allem; er ist der reinste Körper und seine Vorsehung durchdringt alles.

Zenon

Zuerst muß man erkennen, daß Gott existiert und für das Weltall sorgt und daß ihm keine Tat, keine Willensregung und kein Gedanke verborgen bleibt.

Epiktet

Ich frage mich, ob wir nicht immer sozusagen an der Rückseite der Götter herantreten, von ihrem erhaben strahlenden Gesicht durch nichts als durch sie selber getrennt, dem Ausdruck, den wir ersehnen, ganz nah, nur eben hinter ihm stehend – aber was will das anderes bedeuten, als daß unser Antlitz und das göttliche Gesicht in die selbe Richtung hinausschauen, einig sind; und wie sollen wir demnach aus dem Raum, den der Gott vor sich hat, auf ihn zutreten?

Rainer Maria Rilke

Ganz eigensüchtig – weil ich wünsche, inmitten heulender Stürme im Frieden zu leben – habe ich bei mir selbst und bei meinen Freunden versucht, Politik mit Religion zu verbinden. Mit Religion meine ich nun nicht die der Hindu – die ich allerdings höher stelle als alle andern Religionen – sondern ich meine die, die über allen Hinduismus hinausgeht, die den Menschen bis in die Tiefen der Seele verändert, unlöslich mit der ewigen Wahrheit verknüpft und darum unablässig läutert. Religion ist das unverrückbare Etwas im Menschen, das keine Anstrengungen zu groß findet, um zur vollen Entfaltung zu gelangen, und das die Seele nicht ruhen läßt, bis sie sich selbst gefunden, ihren Schöpfer und die wahre innere Beziehung zwischen ihm und sich selbst erkannt hat.   *Mahatma Gandhi*

Ein Schüler wollte wissen: »Meister, wie vermag, ich Gott zu erlangen?« Da nahm ihn der Meister mit zum Wasser und tauchte ihn unter. Nach einiger Zeit zog er ihn wieder empor und fragte: »Wie hast du dich gefühlt?« Sein Schüler entgegnete: »Ich habe gedacht, meine letzte Stunde hätte geschlagen. So sehr war ich verzweifelt.« Da sagte der Meister: »So wirst du Gott erlangen: Wenn dein

Verlangen nach Ihm so leidenschaftlich ist wie dein Sehnen nach Luft in diesem Moment.«

Ramakrishna

Es gibt nur einen Fortschritt, nämlich den in der Liebe; aber er führt in die Seligkeit Gottes selber hinein.

Christian Morgenstern

Daß die Liebe, das heißt das Streben der menschlichen Seelen nach Vereinigung, und das aus diesem Streben erwachsende Tun das höchste und einzige Gesetz des menschlichen Lebens ist, fühlt und weiß in der Tiefe seiner Seele jeder Mensch (wie wir dies am klarsten bei Kindern sehen), er weiß es, solange ihn die falschen Lehren der Welt nicht verwirrt haben. Dieses Gesetz ist von allen Weisen der Welt, sowohl den indischen als auch den chinesischen, jüdischen, griechischen und römischen verkündet worden. Ich glaube, am klarsten hat Christus es ausgesprochen, der geradezu gesagt hat, allein hierin bestünden das ganze Gesetz und die Propheten.

Lew Nikolajewitsch Tolstoi

Gerade auf dem Gebiete des religiösen, als auf Gott bezogenen oder beziehbaren Erlebens sind die Bedürfnisse so wenig entwickelt, daß nur wenige Menschen zu sagen vermöchten, *welche* die ihrem persönlichen Gottesumgang günstigsten Bedingungen sind. Die landläufige Frage, ob einer »an Gott glaube«, scheint mir schon (so wie wir sie heute hören) aus der falschen Voraussetzung hervorzugehen, als ob Gott auf dem Wege menschlicher Anstrengung und Überwindung überhaupt zu erreichen sei. *Rainer Maria Rilke*

Viele wollen fromm sein, niemand demütig.
François de La Rochefoucauld

Da wir nicht imstande sind, unangewandte Kraft (d. h. Gott selbst) zu ertragen, so bringen wir sie mit Bildern, Schicksalen und Gestalten in Beziehung. *Rainer Maria Rilke*

Bei den Alten war die Religion schon gewissermaßen das, was sie bei uns werden soll – praktische Poesie. *Novalis*

Jede wahrhaft große geistige Erscheinung ist übermenschlich und macht für den, der sich ihr hingibt, alles übrige entbehrlich, bis ans Ende der Zeiten; das ist die Wurzel der durch ein Individuum geoffenbarten Religionen und ihres Anspruches auf Orthodoxie. *Hugo von Hofmannsthal*

Eine der schwersten Künste für den Menschen ist wohl die, sich Mut zu geben. Diejenigen, denen er fehlt, finden ihn am ehesten unter dem mächtigen Schutz eines, der ihn besitzt und der uns dann helfen kann, wenn alles fehlt. Da es nun so viele Leiden in der Welt gibt, denen mit Mut entgegenzugehen kein menschliches Wesen einem Schwachen Trost genug geben kann, so ist die Religion vortrefflich. Sie ist eigentlich die Kunst, sich durch Gedanken an Gott ohne weitere andere Mittel Trost und Mut im Leiden zu verschaffen und Kraft demselben entgegenzuarbeiten.

Georg Christoph Lichtenberg

Darum sollen wir Gott anbeten, welcher nur im Geiste, das ist in dem innersten Grunde des Menschen, verehrt werden kann. *Jan Baptist van Helmont*

Alle, welche dich suchen,
versuchen dich.
Ich aber will dich begreifen,
wie dich die Erde begreift –
Ich will von dir keine Eitelkeit,
die dich beweist.
Ich weiß, daß die Zeit
anders heißt
als du.
Tu mir kein Wunder zulieb.
Gib deinen Gesetzen recht,
die von Geschlecht zu Geschlecht
sichtbarer sind. *Rainer Maria Rilke*

Es ist dem Menschen nicht gegeben, die ganze
Wahrheit zu erkennen. Seine Aufgabe besteht darin, auf die Wahrheit hin zu leben, so wie er sie erkennt, und dabei zu den reinsten Mitteln zu greifen,
nämlich zur Gewaltlosigkeit. Wahrheit kann nicht
in Büchern gefunden werden. Wahrheit wohnt in
jedem menschlichen Herzen, und man muß hier
nach ihr suchen und sich von Wahrheit leiten
lassen, wie man sie sieht. Doch niemand hat das
Recht, andere zu zwingen, nach seiner eigenen
Wahrheits-Sicht zu handeln. *Mahatma Gandhi*

Eine Stunde Betrachtung ist besser als ein Jahr An-
dacht.   *Hugo von Hofmannsthal*

In all ihrem Streben stellen die Menschen die
Wahrheit obenan, weil sie darunter ihre eigenen
Meinungen verstehen; und während also viele in
der Welt sind, die um der Sache dessen, was sie
Wahrheit nennen, Märtyrertum erdulden würden,
finden sich wenige bereit, auch nur ein wenig Un-
annehmlichkeit um der Gerechtigkeit und des Er-
barmens willen zu leiden.   *John Ruskin*

Ich habe ein unbeschreibliches Vertrauen zu jenen
Völkern, die *nicht* durch Glauben an Gott geraten
sind, sondern die mittels ihres eigensten Volkstums
Gott erfuhren, in ihrem eigenen Stamme. Wie die
Juden, die Araber, in einem gewissen Grade die or-
thodoxen Russen – und dann, in anderer Weise –
die Völker des Ostens und des alten Mexikos. Ihnen
ist Gott Herkunft und darum auch Zukunft. Den
anderen ist er ein Abgeleitetes, etwas, wovon sie fort
und wozu sie hinstreben als eigentlich Fremde oder
Fremdgewordene – und so brauchen sie immer
wieder den Mittler, den Anknüpfer, den, der ihr

Blut, das Idiom ihres Blutes übersetzt in die Sprache
der Gottheit. Die Leistung *dieser* Völker ist dann
freilich der »Glaube«, sie müssen sich überwinden
und erziehen, für wahr zu halten, was den Gottur-
sprünglichen ein Wahres *ist*, und darum entgleiten
ihre Religionen so leicht ins Moralische, – während ein ursprünglich erfahrener Gott Gut und
Böse nicht sondert und unterscheidet im Hinblick
auf die Menschen, sondern für *sich selbst*, leidenschaftlich besorgt um ihr Nah-an-ihm-sein, um ihr
Zu-ihm-halten und -gehören und sonst um nichts!

Rainer Maria Rilke

Wir werden finden, daß Liebe zur Natur, wo immer sie vorhanden war, ein gläubiges und heiliges
Gefühlselement gewesen ist, so daß, angenommen,
alle andern Umstände hinsichtlich zweier Persön-
lichkeiten wären die gleichen, diejenige, welche die
Natur am meisten liebt, immer als von größerer Fähigkeit des Glaubens an Gott erfunden werden
wird. Wir werden finden, daß aus der Naturverehrung ein solches Gefühl für die Gegenwart und
Macht eines großen Geistes hervorgeht, wie es rein
logisches Denken weder bewirken noch erschüt-
tern kann; und wo solche Naturverehrung unschul-
dig, d. h. unter gebührender Rücksichtnahme auf

andere Ansprüche an Zeit, Gefühl und Anstrengung getrieben wird, und wo sich ihr die tiefen Urkräfte der Religion vereinen, wird sie zum Kanal bestimmter heiliger Wahrheiten, die auf keinem anderen Wege mitgeteilt werden können.   *John Ruskin*

Einen Sinn in Kindern auszubilden ist das Wichtigste: den, wahrzunehmen, daß das Göttliche sich unmittelbar in unserer Nähe offenbart. Vieles aber, das wir tun und gewähren lassen, zielt darauf ab, diesen Sinn durch Verhärtung abzutöten.

Hugo von Hofmannsthal

Deine Aufrichtigkeit soll sich *nicht* auf Religion oder Politik gründen. Sowohl deine Religion als deine Politik müssen sich auf *sie* gründen. Deine Aufrichtigkeit muß gegründet sein, wie die Sonne am leeren Himmel, muß schweben wie die Lichter am Himmel, die den Tag und die Nacht beherrschen. Fragst du, warum du ehrlich sein sollst, so bist du durch die Frage selbst entehrt. »Weil du Mensch bist«, ist die einzige Antwort. Darum sage ich, der Anfang aller Erziehung ist, deine Kinder der Aufrichtigkeit fähig zu machen. Mache sie erst zu Menschen, danach zu religiösen Menschen, und

alles wird recht sein; aber die Religion eines Schur-
ken ist immer das faulste, das an ihm ist.

John Ruskin

Das allein sei deine Freude und Erholung, im Gedanken an Gott von einer gemeinnützigen Tat zur
andern fortzuschreiten.   *Marc Aurel*

Mein Gott, mein Gott, in jeder Sekunde geschieht
irgend etwas andres Unsägliches auf Erden – und
die Menschen wollen es nicht anders, und die
Menschen wollen es nicht anders. Denn sonst würden sie ihr Leben anders einrichten, sonst würden
diese Schmetterlinge endlich Ernst zu machen versuchen.   *Christian Morgenstern*

Gott hat gesagt: Dem, der Gutes tut, vergelte ich es
zehnfältig und mehr; wer Böses tut, den trifft Ver-
geltung, wenn ich ihm nicht vergebe; und wer sich
mir eine Spanne nähern will, dem komme ich
zwölf Ellen entgegen; wer im Schritt zu mir
kommt, zu dem laufe ich; und wer voll Sünde, aber
gläubig vor mir erscheint, vor dem erscheine ich,
bereit, ihm zu vergeben.   *Mohammed*

Die einzige Lösung ist: jeden Augenblick seines Lebens mit Gott zu leben, seinen und nicht den eigenen Willen zu tun. Aber wenn man diese Stütze, dieses wahre Leben vorübergehend verliert, zappelt man hilflos wie ein Fisch auf dem Trockenen.

Lew Nikolajewitsch Tolstoi

Wenn wir nur 0,0001 von dem ausführten, was wir für richtig halten, oder wenigstens nicht täten, was wir für falsch halten, wie bald würde sich die ganze Ordnung unseres Lebens ändern und aus einer heidnischen Ordnung eine christliche werden.

Lew Nikolajewitsch Tolstoi

Was entscheidet, ist doch immer die Gnade Gottes. Und diese Gnade Gottes, sie geht ihre eigenen Wege. Es bindet sie keine Regel, sie ist sich selber Gesetz. Sie baut wie die Schwalben an allerlei Häusern, an guten und schlechten, und wenn sie an schlechten baut, so sind es keine schlechten Häuser mehr. Ein neues Leben hat Einzug gehalten.

Theodor Fontane

XII

Nur die Zeit ist unser

Vom Herbst des Lebens

Es GIBT EINE STILLE des Herbstes bis in die Farben
hinein.
Hugo von Hofmannsthal

Mein Leben, wem gleicht es?
Dem einsam wachsenden Beifuß gleicht es.
Vom Herbstreif zerschnitten, von den Wurzeln
    gelöst
Treibt er weit im langen Winde dahin …
Vor langer Zeit war ich voll Feuer und ein
    Jüngling,
Jetzt bin ich alt geworden und still,
– nach außen hin freilich nur einsam und still, denn
    im innern Herzen blieb alles sprudelnd im Fluß.
Dürftig begegnete mir bisweilen mein Schicksal,
    bisweilen in Üppigkeit.
Gleichermaßen gelassen nahm ich Wohlergehen
    und Not hin.
Im Wohlergehen war ich ein riesiger Greif,
Der die Schwingen erhebt und bis an das blaue
    Gewölbe streift.
In der Not war ich ein Zaunkönig,
Dem ein Zweig genügte – er läßt sich's gefallen.
Wer sich auf diesen Weg versteht, er mag
Am Leibe Not leiden, sein Herz hat keine Not.
Bo Djü-I

Ich freue mich des Lebens, weil noch das Lämp-
chen glüht, suche keine Dornen, hasche die kleinen
Freuden; sind die Türen niedrig, so bücke ich mich,
kann ich den Stein aus dem Wege tun, so tue ich's,
ist er zu schwer, so gehe ich um ihn herum, und so
finde ich alle Tage etwas, das mich freut. Und der
Schlußstein, der Glaube an Gott, der macht mein
Herz froh und mein Angesicht fröhlich.

Katharina Elisabeth Goethe

Nur nicht rückwärtsschauen, sondern immer vorwärts, zuletzt immer über dieses Leben hinaus.
Rückwärtsschauen nützt gar nichts, außer um etwas gutzumachen, das noch zu verbessern ist, vor
begangenen Fehlern sich hinfort zu hüten und
empfangene Wohltaten dankbar zu vergelten.

Carl Hilty

Ich bekenne, daß ich das Leben für ein Ding von
der unantastbarsten Köstlichkeit halte, und daß die
Verknotung so vieler Verhängnisse und Entsetzlich-
keiten mich nicht irre machen kann an der Fülle
und Güte und Zugeneigtheit des Daseins.

Rainer Maria Rilke

Im hohen Alter, so glauben gewöhnlich die anderen, oft aber auch die Greise selbst, lebt man nur die einem noch verbliebene Zeit ab. Das Gegenteil ist der Fall, das hohe Alter ist – sowohl für die alten Menschen selbst wie auch für die anderen – der wertvollste und notwendigste Lebensabschnitt. Der Wert unseres Lebens ist der Entfernung vom Tode quadratisch umgekehrt proportional. Es wäre schön, wenn die alten Menschen selbst und auch ihre Umgebung dies begriffen.

Lew Nikolajewitsch Tolstoi

Es braucht ein ganzes Leben, um einzusehen, wie dinglich – objektiv – sich die Dinge, wie menschlich – subjektiv – die Menschen verhalten.

Hugo von Hofmannsthal

Die Liebe zum Leben nimmt fast im selben Maße zu wie die Liebe zum Gelde, und zwar wächst sie wie jene in dem Grade, in dem sie abnehmen sollte. Junge Menschen schätzen ihr Leben gering und vergeuden es, wiewohl es köstlich ist und wiewohl sie noch viel vor sich haben; und sie fürchten sich nicht vor dem Tode. Die Alten hingegen fürchten den Tod sehr und sorgen sich gewaltig um ihr Dasein, obschon es trostlos ist und obschon unter keinen Umständen viel da ist, an das sie sich noch klammern können. Der Junge verschwendet, als müsse er in wenigen Tagen von hinnen; und der Alte sammelt und stapelt auf und spart, als habe er für ein ganz langes Leben Vorsorge zu treffen.

Giacomo Leopardi

Wir sind einmal geboren; zweimal kann man nicht geboren werden und das Leben muß ein Ende nehmen. Du aber verschiebst das Erfreuliche, obwohl du nicht über das Morgen verfügst. Das Leben aller Menschen verzehrt sich im Zaudern, und jeder einzelne von uns stirbt mitten in seiner Geschäftigkeit. Nicht der Jüngling ist glücklich zu preisen, sondern der Greis, der gut gelebt hat. Denn wer noch in frischer Jugendkraft steht, wird vielfach vom Geschick bald in der, bald in jener Richtung umhergetrieben; der Greis dagegen ist im Alter wie in einem Hafen gelandet und hat einen Reichtum, auf den er früher kaum zu hoffen wagte, hinter sicherem Damm geborgen.   *Epikur*

Die wenigsten Leute haben auch nur einen Augenblick ihres Lebens wirklich gewollt, ebensowenig als geliebt.   *Hugo von Hofmannsthal*

Wahre Jugend ist vom Alter unabhängig. Ein rüsti-
ger Greis kann unter Umständen mehr Jugendkraft
besitzen als ein abgelebter Jüngling, denn wahre Jugend bedeutet unaufhörliche Kraft und Lebendig-
keit des Geistes, anhaltendes Streben, zu höheren
Zielen des Lebens zu gelangen.   *Prentice Mulford*

Rette dich dir selbst; sammle und erhalte dir die
Zeit, die dir bisher entweder geraubt oder entwen-
det wurde oder entschlüpfte … Hier wird uns eine
Stunde entrissen, dort eine heimlich entzogen, eine
andere entschlüpft uns unbemerkt. Der schimpf-
lichste Verlust jedoch ist der durch Nachlässigkeit;
und wenn du die Sache genauer betrachtest, so ver-
fließt der größte Teil des Lebens den Menschen, indem sie Böses tun, ein großer, indem sie nichts tun,
das ganze Leben aber, indem sie immer etwas anderes tun, als was sie eigentlich sollten. Wen kannst du
mir nennen, der einigen Wert auf die Zeit legt, der
den Tag schätzt, der einsieht, daß er täglich stirbt?
Denn darin irren wir, daß wir den Tod nur als etwas
Zukünftiges erwarten: Er ist zum großen Teil schon
vorüber; alles, was von unserem Lebensalter hinter
uns liegt, hat der Tod in Händen … Darum halte
deine Stunden zusammen; du wirst dann weniger

von dem Morgen abhängen, wenn du das Heute erfassest. Indem man das Leben verschiebt, eilt es vorüber. Alles ist fremdes Eigentum. Nur die Zeit ist unser, nur diese eine flüchtige und leicht entschlüpfende Sache hat uns die Natur zu eigen gegeben, und doch vertreibt uns daraus, wer da will. Und so groß ist die Torheit der Sterblichen, daß sie das Geringfügigste und Wertloseste, leicht Ersetzbare, sich anrechnen lassen, wenn sie es erlangt haben, niemand aber etwas schuldig zu sein glaubt, wenn er Zeit empfangen hat, während doch diese das einzige ist, was nicht einmal der Dankbare wiedererstatten kann.   *Lucius Annaeus Seneca*

Es ist niemals zu spät, vernünftig und weise zu werden; es ist aber schwerer, wenn die Einsicht spät kommt.   *Immanuel Kant*

Reifer werden heißt schärfer trennen, inniger verbinden.   *Hugo von Hofmannsthal*

Um recht zu tun, muß man im Alter das Alter und in der Jugend die Jugend vergessen.   *Joseph Joubert*

Zum Zen-Meister Hiroshi kam ein alter Mann und sagte: »Ich habe die Sechzig erreicht, aber ich fürchte, noch nicht genug über das Leben zu wissen. Was soll ich tun?« Der Meister sagte: »Dann weißt du zuviel. Geh!«

Danach kam ein junger Mann zu ihm, der sagte: »Ich habe fünfzehn Jahre studiert und weiß schon viel. Wie wird man aber so weise wie du?«

Der Meister sagte: »Da ging eben ein Wissender von mir. Eil ihm nach!«

Und es kam ein Dritter, der sagte: »Ich bin in mittleren Jahren, doch ich komme mir schon wie ein Greis vor. Was soll ich tun?«

Der Meister sagte: »Da gingen eben zwei unerfahrene Jünglinge von mir. Frag sie!«

Zen-Buddhismus

Der Meister sprach: »Ich war fünfzehn, und mein Wille stand aufs Lernen, mit dreißig stand ich fest, mit vierzig hatte ich keine Zweifel mehr, mit fünfzig war mir das Gesetz des Himmels kund, mit sechzig war mein Ohr aufgetan, mit siebzig konnte ich meines Herzens Wünschen folgen, ohne das Maß zu übertreten.«   *Kungfutse*

Leidenschaftslosigkeit, das heißt, eine immer gleiche und abgeklärte Betrachtungsweise macht die
Weisheit der Greise aus.   *Lew Nikolajewitsch Tolstoi*

In älteren Jahren nichts mehr lernen *können*, hängt
mit dem in älteren Jahren sich nicht mehr befehlen
lassen wollen zusammen, und zwar sehr genau.
                         Georg Christoph Lichtenberg

Mehr noch als nach dem Glück unserer Jugend
sehnen wir uns im Alter nach den Wünschen unserer Jugend zurück.   *Marie von Ebner-Eschenbach*

Mit allen Kräften müssen wir uns die Freuden des
Lebens zu erhalten suchen, die uns die Jahre eine
nach der anderen entreißen.   *Michel de Montaigne*

Ansprüche sind eine Quelle des Leidens, und die
Zeit des wirklichen Lebensglücks beginnt erst,
wenn wir keine mehr stellen. Ist eine Frau noch
hübsch, wenn ihre Schönheit zu welken beginnt?
Ihre Ansprüche machen sie lächerlich oder unglücklich; zehn Jahre später, älter und häßlicher ge-

worden, ist sie auch ruhig und heiter. In dem Alter, in dem man bei Frauen Erfolg hat oder nicht, setzt sich der Mann Unannehmlichkeiten und sogar Beleidigungen aus; scheidet er aus dem Spiel, gibt es keine Ungewißheit mehr, und er ist ruhig. Überhaupt kommt das Übel daher, daß unsre Ideen unbeständig, unbestimmt sind. Besser nicht viel sein, aber das Wenige, das man ist, unbestritten sein.

Nicolas Chamfort

Das ist ja das Vergnügen der alten Tage, daß man alles besser einsieht, daß man sich einbild't, g'scheiter zu sein, und daß man sich mit dem Gedanken foppt: Wenn ich noch einmal jung wäre, jetzt tät ich anders handeln. – Dieses Vergnügens beraubte man sich offenbar, wenn man in der Jugend schon gescheit und vernünftig wär'.

Johann Nepomuk Nestroy

Nur Greise wie ich bemerken diese Kürze, diese Zeitlichkeit des Lebens. Sie wird einem so deutlich, wenn ringsum einer nach dem anderen dahingeht. Man wundert sich nur, daß man sich selbst noch hält. Und lohnt es sich eigentlich (zumindest von diesem Standpunkt aus betrachtet), wenn man nur einen so kurzen Zeitabschnitt zu leben hat,

dann in dieser kurzen Zeit so viel zusammenzulü-
gen, Verwirrung zu stiften und Dummheiten anzustellen? Gleich einem Schauspieler, der sich, obwohl er nur eine kurze Szene zu spielen hat, lange
auf seinen Auftritt vorbereitet, kostümiert und ge-
schminkt bereitsteht und plötzlich auf die Bühne
tritt und die falschen Worte sagt, sich selbst blamiert
und das ganze Stück verdirbt.

Lew Nikolajewitsch Tolstoi

Es ist etwas in uns, das über und hinter allen Altern
ist und mit allen Altern spielt.

Hugo von Hofmannsthal

Einen Besucher gemahnte der fünfundsechzigjäh-
rige Goethe an den Apollo vom Belvedere, an einen Pfau und an die Ruinen des Heidelberger
Schlosses, alles gleichzeitig.   *Flodoard von Biedermann*

Ein junger Mensch, auf der Opernstiege von einem alten Mann mehrmals in den Rücken gesto-
ßen, gibt diesem eine derbe Ohrfeige. »Was werden Sie sagen, mein Herr«, ruft der Greis aus, »wenn
Sie erfahren werden, daß ich blind bin!«

Caron de Beaumarchais

Wer älter wird, erkennt, daß man beständig schuldig
bleibt, durch alle Lebensverhältnisse und Verkettun-
gen hin; doch wohnt auch in jedem Menschen
seine Art von Unschuld; die ist es, die ihn aufrecht
hält, er weiß selbst nicht wie. *Hugo von Hofmannsthal*

Ich fühle es mehr und mehr, man holt allen möglichen Plunder aus seinem Sack hervor und bildet
sich ein, dies und das werde von den Menschen be-
nötigt, und auf einmal stellt sich heraus, das Allerwichtigste und Notwendigste ist in einem Zipfel
hängengeblieben, und man hat es vergessen und
nicht herausgeschüttelt. Der Sack, der seinen
Zweck erfüllt hat, wird dann auf den Dunghaufen
geworfen, und das einzige Gute, das er enthielt, geht
unnütz zugrunde … Das ist für uns alle, die wir alt
sind, erschreckend, und daher wird einem vor dem
Tode unheimlich zumute, und man muß ordent-
lich in allen Zipfeln suchen.

Lew Nikolajewitsch Tolstoi

Das Maß des Lebens ist seine Leistung an Gutem,
nicht seine Länge. *Plutarch*

Wir müssen unser Dasein so *weit*, als es irgend geht annehmen; alles, auch das Unerhörte, muß darin möglich sein. Das ist im Grunde der einzige Mut, den man von uns verlangt: mutig zu sein zu dem Seltsamsten, Wunderlichsten und Unaufklärbarsten, das uns begegnen kann. Daß die Menschen in diesem Sinne feige waren, hat dem Leben unendlichen Schaden getan; die Erlebnisse, die man »Erscheinungen« nennt, die ganze sogenannte »Geisterwelt«, der Tod, alle diese uns so anverwandten Dinge, sind durch die tägliche Abwehr aus dem Leben so sehr hinausgedrängt worden, daß die Sinne, mit denen wir sie fassen könnten, verkümmert sind. Von Gott gar nicht zu reden. Aber die Angst vor dem Unaufklärbaren hat nicht allein das Dasein des Einzelnen ärmer gemacht, auch die Beziehungen von Mensch zu Mensch sind durch sie beschränkt, gleichsam aus dem Flußbett unendlicher Möglichkeiten herausgehoben worden auf eine brache Uferstelle, der nichts geschieht.

Rainer Maria Rilke

Sehr oft erscheint in früher Jugend eine Meinung, eine Gewohnheit widersinnig, deren Sinn man im reifen Alter entdeckt; sie erscheint dann weniger widersinnig. Darf man daraus schließen, daß gewisse Sitten nicht lächerlich sind? Manchmal möchte man meinen, sie seien eingeführt von solchen, die das ganze Buch des Lebens gelesen haben, und würden beurteilt von Leuten, die trotz ihres Geistes erst einige Seiten kennen.

Nicolas Chamfort

Das ist die Sehnsucht: wohnen im Gewoge
und keine Heimat haben in der Zeit.
Und das sind Wünsche: leise Dialoge
täglicher Stunden mit der Ewigkeit.

Rainer Maria Rilke

Der Tod ist kein Unglück, denn er befreit den Menschen von allem Schlimmen, und mit den Gütern des Lebens nimmt er ihm auch die Wünsche. Der Übel größtes ist das Alter. Es beraubt uns aller Freuden und läßt doch das Verlangen nach ihnen bestehen; außerdem fehlt es ihm an keinem Leiden. Trotzdem fürchten die Menschen den Tod und sehnen sich danach, alt zu werden.   *Giacomo Leopardi*

Der Meister sprach: »Die durch Beschränkung verloren haben, sind selten.«   *Kungfutse*

Im Alter sterben die Fähigkeiten, die äußeren Sinne
ab, welche die Kommunikation mit der Welt be-
werkstelligen: Sehvermögen, Gehör, Geschmack,
doch dafür erwachsen uns neue, nicht äußere, sondern innere Sinne für den Verkehr mit der geistigen
Welt – und welch überreiche Entschädigung ist das.

Lew Nikolajewitsch Tolstoi

Etwas festhalten wollen und dabei es überfüllen:
Das lohnt der Mühe nicht.
Etwas handhaben wollen und dabei es immer scharf
halten:
Das läßt sich nicht lange bewahren.
Mit Gold und Edelsteinen gefüllten Saal
kann niemand beschützen.
Reich und vornehm und dazu hochmütig sein:
Das zieht von selbst das Unglück herbei.
Ist das Werk vollbracht, dann sich zurückziehen:
Das ist des Himmels *Sinn.*

Laotse

Der einzelne Mensch hat als Kind teilgenommen
an den Erinnerungen seiner Großeltern, nimmt als
Greis teil an den Hoffnungen seiner Enkel; er um-
spannt fünf Geschlechter oder hundert bis hundert-
undzwanzig Jahre.

Hugo von Hofmannsthal

Ich sehne mich nicht mehr nach Wechsel und erkenne in friedlichem Abwickeln der Tage das höchste Glück. Zu diesem Glück gehören auch Bücher, mit denen ich längst lieber verkehre als mit den Menschen. Sie bringen mich in Berührung mit dem Besten, was die Besten besitzen, und das Gestörtwerden durch die Unleidlichkeiten unsres Geschlechts fällt fort. *Theodor Fontane*

Wie es der Jugend Freude bereitet, sich ihres Wachstums bewußt zu werden, muß es für das Alter eine Freude sein, die einengenden Grenzen fallen zu sehen. *Lew Nikolajewitsch Tolstoi*

Wer des Guten, das ihm geworden, nicht mehr gedenkt, ist in seinem Herzen ein Greis geworden.

Epikur

XIII

Gut leben heißt gut sterben

Von Abschied und Tod

Es gibt nichts Schlimmeres als den Tod. Und denkt man richtig darüber nach, daß er dennoch das Ende von allem ist, dann gibt es auch nichts Schlimmeres als das Leben. *Lew Nikolajewitsch Tolstoi*

Der Tod selbst ist für den, der nachdenkt, nichts so Ernstes wie die Ehe. *Walter Savage Landor*

Ein Mann, der mit fünfunddreißig stirbt, ist auf jedem Punkt seines Lebens ein Mann, der mit fünfunddreißig stirbt. Das ist das, was Goethe die Entelechie nannte. *Moritz Heimann*

Da fragt man, warum sterben Kinder, junge Menschen, die nur so kurze Zeit gelebt haben. Woher wißt ihr, daß sie nur kurze Zeit gelebt haben? Das ist euer grobes Zeitmaß, das Leben aber wird nicht nach der Zeit gemessen. Das ist dasselbe, als wollte man fragen: Warum sind dieser Ausspruch, dieses Poem, dieses Bild, dieses Musikstück so kurz geraten, warum hat man sie abgebrochen und nicht bis zum Maß der längsten Reden und Stücke, der größten Bilder ausgedehnt? Wie das Maß der Länge

nicht auf die Bedeutung (die Größe) von Werken
der Weisheit und der Dichtung anwendbar ist, so
auch nicht auf das Leben. Woher wißt ihr, welch
inneres Wachstum diese Seele in ihrer kurzen Frist
durchlaufen und welchen Einfluß sie auf andere gehabt hat? Geistiges Leben läßt sich nicht mit körperlichem Maß messen.   *Lew Nikolajewitsch Tolstoi*

Wer den Tod fürchtet, wird niemals wie ein leben-
diger Mensch handeln. Wer dagegen weiß, daß ihm
dies Geschick gleich bei seiner Empfängnis ange-
kündigt wurde, wird dieser Bedingung entsprechend leben und zugleich mit derselben Seelen-
stärke dafür sorgen, daß nichts von dem, was ihm
zustößt, ihn überrasche.   *Lucius Annaeus Seneca*

Willst du wissen: Was ist das Leben, so frage dich:
Was ist der Tod?   *Friedrich Hebbel*

Wenn das ganze Leben im Auftauchen von Wün-
schen besteht und die Freude am Leben in deren
Erfüllung, gibt es dann einen Wunsch, welcher dem
Menschen eigen wäre, jedem Menschen, immer

und überall, und sich stets erfüllen ließe oder sich
vielmehr stets der Erfüllung näherte? Und mir
wurde klar, daß dies für einen Menschen möglich
wäre, welcher den Tod wünschte. Sein ganzes Leben wäre dann eine Annäherung an die Erfüllung
dieses Wunsches; und sein Wunsch würde sich ohne
Zweifel erfüllen. Anfänglich kam mir dies seltsam
vor. Als ich jedoch genauer überlegte, gewahrte ich
plötzlich, daß es sich so verhält, daß nur in dem einen, in der Annäherung an den Tod, ein vernünfti-
ger Wunsch des Menschen sein kann. Der Wunsch
liegt nicht im Tod, nicht im Tod selbst, sondern in
dieser Bewegung des Lebens, die zum Tod führt.
Diese Bewegung ist aber die Befreiung jenes geistigen Prinzips, das in jedem Menschen lebt.

Lew Nikolajewitsch Tolstoi

Der Tod, wenn man nicht an ihn denkt, ist leichter
zu ertragen als der Gedanke an den Tod, wenn man
gar nicht in Gefahr ist. *Blaise Pascal*

Denken Sie's aus bis auf den Grund, daß der Tod
nur des Lebens tiefste Erfahrung sei, daß wir, wenn
wir sie nach Kräften zu *unserer* Erfahrung machen,
ins Leben inniger uns hineinfinden (statt uns da-

von zu entfernen), so *kann* dieses Grausame nicht das Gegenteil sein, nicht das Fremde, nur das, das sich nicht zu erkennen gibt, obwohl uns gehörig, unendlich. – Alle unsere wirklichen Beziehungen, alle unsere durchgehenden Erfahrungen reichen durch das *Ganze*, durch Leben und Tod, *wir müssen in beidem leben, in beidem innig heimisch sein,* ich kenne Menschen, die schon mit derselben Liebe zutraulich dem einen wie dem anderen gegenüberstehen – ist denn das Leben uns enträtselter, vertrauter, als jener andere Zustand? Sind sie nicht beide namenlos über uns hinausgesetzt, unerreichbar beide – wahr und rein sind wir nur in unserer Willigkeit zum Ganzen.   *Rainer Maria Rilke*

Menschen, die den Tod zu fliehen suchen, laufen ihm in den Rachen.   *Demokrit*

Es ist keinem einzigen Menschen gegeben zu wissen, ob er bis zum Abend Stiefel oder Leichenschuhe braucht.   *Lew Nikolajewitsch Tolstoi*

Gut leben heißt gut sterben.*Lew Nikolajewitsch Tolstoi*

Das Leben gleicht sozusagen einer eintägigen Nachtwache und die Länge des Lebens einem einzigen Abschnitt davon, wobei wir, sobald wir das Tageslicht wieder erblicken, die Losung an die nächste Ablösung weitergeben.   *Antiphon*

Als der heilige Antonius von Padua vor seinem Ende sah, wie einer der Brüder ihm die letzte Ölung herbeibrachte, sagte er lächelnd zu ihm: »Damit bin ich schon innen gesalbt.«
Joannes de La Haye

Vollende denn das letzte Lied und laß uns auseinandergehn.

Vergiß diese Nacht, wenn die Nacht um ist.

Wen müh ich mich mit meinen Armen zu umfassen? Träume lassen sich nicht einfangen.

Meine gierigen Hände drücken Leere an mein Herz und es zermürbt meine Brust.
Rabindranath Tagore

Einen glücklichen und zugleich den letzten Tag meines Lebens verbringend, schreibe ich euch dies. Die Harn- und Ruhrbeschwerden haben einen solchen Grad erreicht, daß sie nicht mehr heftiger

werden können. All diesen Schmerzen aber hält die
Waage die Freude meines Herzens über die Erinnerungen an die von uns geführten Unterhaltun-
gen. Du aber sorge entsprechend deiner seit dem
Knabenalter gegen mich und die Philosophie be-
wiesenen Ergebenheit für die Kinder des Metro-
doros.   *Epikur*

Du willst, daß ich jetzt das Fest verlasse; gut, ich
gehe und sage dir von ganzem Herzen Dank, daß
du mich gewürdigt hast, an deinem Feste teilzu-
nehmen, deine Werke zu erschauen und deiner Regierung im Geiste zu folgen. Möge der Tod mich
treffen, während ich dies denke, schreibe oder lese.
                                                   Epiktet

Was den Einfluß des Todes eines nahestehenden
Menschen auf diejenigen betrifft, die er zurückläßt,
so scheint mir schon seit langem, als dürfte das kein
anderer sein als der einer höheren Verantwortung,
überläßt der Hingehende nicht sein hundertfach
Begonnenes denen, die ihn überdauern, als Fort-
zusetzendes, wenn sie einigermaßen ihm innerlich
verbunden waren? Ich habe in den letzten Jahren so
viel nahe Todeserfahrungen erlernen müssen, aber

es ist mir keiner genommen worden, ohne daß ich nicht die Aufgaben um mich herum vermehrt gefunden hätte. Die Schwere ... drückt uns ... tiefer ins Leben hinein und legt uns die äußersten Verpflichtungen auf die langsam wachsenden Kräfte.

Rainer Maria Rilke

Über dem Gedächtnis eines in der Fülle seiner Kraft verstorbenen Freundes hängt die Seele wie über einem Wasserfall, stürzt sich immer wieder mit der lebendigen Masse nach unten, sieht sie zerstäuben und zu Dunst werden, um wieder zum Scheitel aufzusteigen und sich aufs neue herabzustürzen.

Hugo von Hofmannsthal

Wenn jemand stirbt, das nicht allein ist Tod.
Tod ist, wenn einer lebt und es nicht weiß.
Tod ist, wenn einer gar nicht sterben kann.
Vieles ist Tod; man kann es nicht begraben.
In uns ist täglich Sterben und Geburt,
und wir sind rücksichtslos wie die Natur,
die über beidem dauert, trauerlos
und ohne Anteil. Leid und Freude sind
nur Farben für den Fremden, der uns schaut.

Rainer Maria Rilke

Wenn ein Mensch dahin ist, nimmt er ein Geheimnis mit sich: wie es ihm, gerade ihm – im geistigen Sinn zu leben möglich gewesen sei.

Hugo von Hofmannsthal

Es ist durch nichts aufzuwiegen und sehr tröstlich, wenn man vor dem Tode Umgang mit Menschen hat, die über die Grenzen dieses Lebens hinaussehen. *Lew Nikolajewitsch Tolstoi*

Der Meister sprach: »In der Frühe die Wahrheit vernehmen und des Abends sterben: Das ist nicht schlimm.« *Kungfutse*

Georg Büchner auf dem Totenbett hatte in seinen Delirien abwechselnd revolutionäre Gesichte, dazwischen ließ er mit feierlicher Stimme sich so vernehmen: »Wir haben nicht zu viel, wir haben ihrer zu wenig, denn durch den Schmerz gehen wir zu Gott ein. Wir sind Tod, Staub und Asche – wie dürfen wir klagen?« *Hugo von Hofmannsthal*

Sage, auch das Ernten der Ähren habe einen üblen Klang: Denn für die Ähren bedeutet es den Untergang, aber nicht für die Weltordnung. Sage, es habe einen üblen Klang, daß die Blätter fallen und daß man Feigen und Trauben trocknet. All das ist nur ein Übergang aus einem früheren in einen anderen Zustand, kein Untergang, sondern eine feststehende Einrichtung und Ordnung. Das ist nun eine Art Reise, ein kleiner Übergang, und so ist der Tod ein größerer Übergang aus dem, was jetzt ist, nicht in das Nichtseiende, sondern in das jetzt nicht Seiende – so werde ich also nicht mehr sein? – doch; aber als etwas anderes, dessen die Weltordnung nun bedarf. Denn du wurdest auch nicht geboren, als du es wolltest, sondern als es für die Weltordnung Bedürfnis war.

Epiktet

Die Frage um ein »Leben nach dem Tode« wird sinnlos, sobald wir zugeben müssen, daß, was wir unter dem Namen »Leben« zusammenfassen, lediglich jetzige und hiesige Erscheinungen sind, an diese Hiesigkeit und unsere sie aufnehmenden Sinne in dem Maße gebunden, daß wir für jedes »andere« Leben auch gleich eine völlig andere Bezeichnung finden müßten. Diese Bezeichnung ist ohne weiteres mit dem Begriffe »Tod« gegeben, unter dem wir, ohne Zudringlichkeit und Neugierde, alles das vermuten dürfen, was außerhalb unseres irdischen Daseins liegt. Es gab im Laufe der Zeiten immer wieder solche, die meinten, mit ausreichenden Beweisen versehen zu sein, dafür, daß dieser sogenannte Tod ein Ende, einen Zustand des Zerfalles und strengen Abbaus alles Lebendigen bedeute –, aber auch die ganz entgegengesetzte Meinung hat immer wieder Vertreter und Verteidiger gefunden, ja man ist da so weit gegangen, das Totsein als einen intensiveren Grad des Lebens anzusprechen und seine Immobilität geradezu als einen Beweis anzuführen für die stärkere Schwingungsintensität, in der es, lebender also als wir, begriffen sei. Der Augenschein spräche nicht dagegen, da wir ja, um ein Beispiel zu nennen, die Bewegung eines Schnellzuges noch mit dem ganzen Körper fühlen, die ungeheuer größere Geschwindigkeit der Erde aber, unserer Erfahrung nach, für Stillstand halten müßten. *Rainer Maria Rilke*

Der innigste Wunsch des Menschen ist der Wunsch nach ewigem Leben. Sind wir jedoch vom Körper befreit, werden wir nicht mehr zurückkommen

wollen. Gibt es Kinder, die in die Gebärmutter zu-
rückschlüpfen wollen, wenn sie geboren sind? Gibt
es Menschen, die gerne ins Gefängnis zurückwol-
len, wenn sie entlassen sind? Ebenso sollte der
Mensch die künftige Befreiung von seinem Körper nicht fürchten, wenn er nicht allzusehr an diesem materiellen Leben hängt.   *Lehren der Bahai*

Wenn etwas uns fortgenommen wird, womit wir
tief und wunderbar zusammenhängen, so ist viel
von uns selber mit fortgenommen. Gott aber will,
daß wir uns wiederfinden, reicher um alles Verlorene und vermehrt um jeden unendlichen
Schmerz.   *Rainer Maria Rilke*

Sagt nicht, daß die Toten tot sind. Etwas von ihrem
Wesen lebt weiter in ihren Nachkommen. Wenn
also die Toten in ihren Nachkommen leben, wie
können sie da tot sein?   *Dschu Dse*

Wenn, was uns den Tod so schrecklich erscheinen
läßt, der Gedanke des *Nichtseins* wäre, so müßten
wir mit gleichem Schauder der Zeit gedenken, da

wir noch nicht waren. Denn es ist unumstößlich
gewiß, daß das Nichtsein nach dem Tode nicht verschieden sein kann von dem vor der Geburt, folg-
lich auch nicht beklagenswerter. Eine ganze Unendlichkeit ist abgelaufen, als wir *noch nicht* waren:
Aber das betrübt uns keineswegs. Hingegen, daß
nach dem momentanen Intermezzo eines epheme-
ren Daseins eine zweite Unendlichkeit folgen
sollte, in der wir *nicht mehr* sein werden, finden wir
hart, ja unerträglich. Sollte nun dieser Durst nach
Dasein etwa dadurch entstanden sein, daß wir es
jetzt gekostet und so gar allerliebst gefunden hätten? *Arthur Schopenhauer*

Wenn jener Tag kommt, an dem diese Verbindung
des Göttlichen und Menschlichen sich trennt,
werde ich diesen Körper da zurücklassen, wo ich
ihn fand; ich selbst werde mich mit den Göttern
wieder vereinigen. Auch jetzt bin ich nicht ohne
sie, werde aber in einem harten irdischen Kerker
festgehalten. Dies kurze sterbliche Dasein ist nur
das Vorspiel jenes besseren und längeren Lebens.
Wie der Mutterleib uns neun Monate umschließt
und zubereitet, nicht für sich, sondern für den Ort,
in den wir bekanntlich ausgestoßen werden, wenn

wir fähig sind zu atmen und im Freien zu leben, so reifen wir von diesem Zeitraum, der sich von der Kindheit bis ins Alter erstreckt, zu einer andern Geburt. Jener letzte Tag, vor dem du zurückschreckst, ist der Geburtstag der Ewigkeit.

Lucius Annaeus Seneca

Ich schrieb Madame de Talmont zum Tod ihres Sohnes: »Unsere Leiden verringern sich im Verhältnis zu unserer Vernunft, nach deren Willen das Unglück der Vergangenheit so wenig das der Zukunft ausmacht wie das verflossene Glück das künftige.«

Charles de Montesquieu

XIV

Unvergänglich ist die Weisheit

Von Erkenntnis und Gewißheit

DAS GUTE ALLEIN IST auf die Dauer beachtenswert.

Karl Immermann

Der Mensch versteht alles, nur das völlig Einfache nicht.

Franz Grillparzer

Der Meister sprach: »Yu, soll ich dich das Wissen lehren? Was man weiß, als Wissen gelten lassen, was man nicht weiß, als Nichtwissen gelten lassen: Das ist Wissen.«

Kungfutse

Es gibt keine schwierigere Kunst als Leben. Für andere Künste und Wissenschaften gibt es überall zahlreiche Lehrer. Selbst junge Leute glauben sich manche von diesen schon so angeeignet zu haben, um sie auch andere lehren zu können; leben muß man das ganze Leben hindurch lernen und, worüber du dich vielleicht noch mehr wundern wirst, man muß im ganzen Leben sterben lernen.

Lucius Annaeus Seneca

Autorität über sich erkennen ist ein Zeichen höherer Menschlichkeit.

Hugo von Hofmannsthal

Eine Art, uns selbst zu erziehen, ist die, daß wir einen Menschen, der für uns Autorität hat, herausfordern, sich über einen Gegenstand zu äußern, über den wir ihn anders urteilend wissen, als wir selber urteilen.   *Hugo von Hofmannsthal*

Der Meister sprach: »Weisheit macht frei von Zweifeln, Sittlichkeit macht frei von Leid, Entschlossenheit macht frei von Furcht.«   *Kungfutse*

Die am wenigsten gespannte und natürlichste seelische Haltung ist die schönste; das beste Tun ist das, welches am wenigsten krampfhafte Anstrengung verlangt. Mein Gott, was leistet die Weisheit doch denen für einen guten Dienst, denen sie die Wünsche nach ihren Kräften regelt.   *Michel de Montaigne*

Sein Glück erwogen haben; um zu handeln, um sich einzulassen. Daran ist mehr gelegen als an der Beobachtung seines Temperaments. Ist aber der ein Tor, welcher im vierzigsten Jahre sich an den Hippokrates, seiner Gesundheit halber, wendet, so ist es der noch mehr, welcher dann erst an den Seneca, der Weisheit wegen. Es ist eine große Kunst, sein Glück zu leiten zu wissen, indem man bald es abwartet, denn auch mit Warten ist bei ihm etwas auszurichten, bald es zur rechten Zeit benutzt, da es Perioden hält und Gelegenheiten darbietet; obwohl man ihm seinen Gang nicht ablernen kann, so regellos sind seine Schritte. Wer es günstig befunden hat, schreite keck vorwärts; denn es liebt die Kühnen leidenschaftlich, und, als schönes Weib, auch die Jünglinge. Wer aber Unglück hat, tue nichts mehr; sondern ziehe sich zurück, damit er nicht zu dem Unstern, der schon über ihm steht, einen zweiten heranrufe.

Baltasar Gracián

Im Grunde spricht sich wohl in allen Forderungen, die der Mensch an seine Gattung stellt, nur der Wunsch des Menschen nach größerer und feinerer Behaglichkeit des persönlichen wie sozialen Lebens aus. Der Mensch will wohl endlich soweit kommen wie die Blumen und die Bäume: ruhig leben und sterben zu dürfen. Zweifellos wünschen sich die meisten Menschen nichts Besseres.

Christian Morgenstern

Mong Dsï sprach: »Wenn den Leuten wirklich daran liegt, Eichen- oder Buchenbäume, die ein oder zwei Spannen im Umfang haben, zu ziehen, so wissen alle, wie man sie pflegen muß. Das eigne Leben aber, das wissen sie nicht zu pflegen. Lieben sie etwa das eigene Leben weniger als jene Bäume? Nein, es ist nur Gedankenlosigkeit.«   *Mong Dsï*

Man muß der Natur darin nachstreben, daß sie keine Zwischenglieder, keine Nebensachen, kein Provisorium kennt, sondern jedes Ding als Hauptsache behandelt.   *Hugo von Hofmannsthal*

Nie setze man die Achtung gegen sich selbst aus den Augen und mache sich nicht mit sich selbst gemein. Unsere eigene Makellosigkeit muß die Richtschnur für unsern untadelhaften Wandel sein, und die Strenge unsers eigenen Urteils muß mehr über uns vermögen als alle äußeren Vorschriften. Das Ungeziemende unterlasse man mehr aus Scheu vor seiner eigenen Einsicht als aus der vor der strengsten fremden Autorität. Man gelange dahin, sich selbst zu fürchten; so wird man nicht Senecas imaginären Hofmeister nötig haben.   *Baltasar Gracián*

Dsï Dschang fragte nach dem Wesen der Klarheit. Der Meister sprach: »Auf wen langsam durchsickernde Verleumdungen und durch die Haut dringende Klagen nicht wirken, den kann man als klar bezeichnen. Auf wen langsam durchsickernde Verleumdungen und durch die Haut dringende Klagen nicht wirken, ja, den kann man als weitblickend bezeichnen.«   *Kungfutse*

Wer andere besiegen will, muß erst sich selbst besiegen. Wer andere beurteilen will, muß erst sich selbst beurteilen. Wer andere erkennen will, muß erst sich selbst erkennen.   *Lü-Bu Wei*

Wer andre kennt, ist klug,
Wer sich selber kennt, ist weise.
Wer andere besiegt, hat Kraft,
Wer sich selber besiegt, ist stark.
Wer sich durchsetzt, hat Willen,
Wer sich genügen läßt, ist reich.
Wer seinen Platz nicht verliert, hat Dauer.
Wer auch im Tode nicht untergeht, der lebt.

                    Laotse

Der Meister sprach: »Es mag auch Menschen geben, die, ohne das Wissen zu besitzen, sich betäti-
gen. Ich bin nicht von der Art. Vieles hören, das
Gute davon auswählen und ihm folgen, vieles sehen
und es sich merken: das ist wenigstens die zweite
Stufe der Weisheit.«   *Kungfutse*

Wer jeden Abend sagen kann: »Ich habe gelebt«,
dem bringt jeder Morgen einen neuen Gewinn.

Lucius Annaeus Seneca

Des Tages erster Gedanke: Das beste Mittel, jeden
Tag gut zu beginnen, ist: beim Erwachen daran zu
denken, ob man nicht wenigstens *einem* Menschen
an diesem Tag eine Freude machen könne. Wenn
dies als ein Ersatz für die religiöse Gewöhnung des
Gebetes gelten dürfte, so hätten die Mitmenschen
einen Vorteil bei dieser Änderung.

Friedrich Nietzsche

Das beste Gebet am Anfang eines Tages ist, daß wir
seine Augenblicke nicht verlieren möchten.

John Ruskin

Der Mensch soll dem Menschen etwas Heiliges sein. Dieses All, das du siehst, das die göttliche und menschliche Welt umfaßt, bildet eine Einheit: Wir sind Glieder eines großen Körpers. Die Natur hat uns als Verwandte erzeugt, da sie uns aus denselben Stoffen und zu denselben Zwecken gemacht hat. Sie hat alles nach Recht und Billigkeit gestaltet. Nach ihrem Gesetz ist es schlimmer, Schaden anzurichten als zu erleiden. Nach ihrem Befehl sollen unsere Hände hilfsbereit sein. Jenen Vers sollten wir in Herz und Mund haben: »Ich bin ein Mensch; nichts Menschliches ist mir fremd.«

Lucius Annaeus Seneca

Herz und Kopf: die beiden Pole der Sonne unserer Fähigkeiten: eines ohne das andere, halbes Glück. Verstand reicht nicht hin; Gemüt ist erfordert. Ein Unglück der Toren ist Verfehlung des Berufs im Stande, Amt, Lande, Umgang.　*Baltasar Gracián*

Man muß so leben, als habe man nur noch eine Stunde Zeit und könne nur das Allerwichtigste erledigen. Und gleichzeitig so, als werde man das, was man tut, bis in alle Ewigkeit fortsetzen.

Lew Nikolajewitsch Tolstoi

Das Gute ist erstrebenswert. Was erstrebenswert ist,
gefällt. Was gefällt, ist lobenswert. Was lobenswert
ist, ist sittlich. – Das Gute macht Freude; was Freude
macht ist ehrenwert; was ehrenwert ist, ist sittlich.

Chrysippos

Dsï Dschang wollte eine Lebensstellung erreichen.
Der Meister sprach: »Viel hören, das Zweifelhafte
beiseite lassen, vorsichtig das Übrige aussprechen, so
macht man wenig Fehler. Viel sehen, das Gefährli-
che beiseite lassen, vorsichtig das Übrige tun, so hat
man wenig zu bereuen. Im Reden wenig Fehler
machen, im Tun wenig zu bereuen haben: Darin
liegt eine Lebensstellung.«

Kungfutse

Gott hat uns die Erde auf Lebenszeit verliehen; es
ist ein großes Erb-Lehen. So gut wie uns gehört sie
denen, die nach uns kommen, deren Namen bereits in das Buch der Schöpfung eingetragen sind;
wir haben kein Recht, sie durch unser Tun oder
Unterlassen in unnötige Strafen zu verwickeln oder
sie der Vorteile, die ihnen zu vermachen in unserer
Macht stand, zu berauben. Und das um so weniger,
weil es der Arbeit des Menschen gesetzt ist, daß die
Fülle ihrer Frucht im Gleichmaß steht zu der Zeit,

die zwischen Saat und Ernte liegt, und daß im allgemeinen das Maß unseres Erfolges voller und reicher sein wird, je weiter wir unser Ziel hinausstekken, je weniger wir selbst die Zeugen dessen, wofür wir arbeiten, zu sein begehren. Die Menschen können denen, die mit ihnen leben, nicht so wohltun, wie denen, die nach ihnen kommen.

John Ruskin

Nur Leben ist Reichtum. Leben mit all seinen Kräften der Liebe, der Freude und der Bewunderung. Das ist das reichste Land, welches die größte Anzahl edler und glücklicher Menschen ernährt. Das ist der reichste Mann, der, nachdem er die Pflichten seines eigenen Lebens auf das äußerste erfüllt hat, durch seine Person und durch sein Vermögen auf das Leben anderer den weitesten heilsamen Einfluß ausübt.

John Ruskin

Seid behutsam in sechs Fällen: Wenn ihr sprecht, sprecht die Wahrheit; wenn ihr etwas versprecht, haltet es; bezahlt eure Schulden; seid keusch in Gedanken und in Werken; meidet jede Gewalt; und flieht alles Böse.

Hugo von Hofmannsthal

Wenn du etwas Gutes mit Mühe tust, so schwindet die Mühe, aber das Gute bleibt; wenn du dagegen etwas Schlechtes mit Lust tust, so schwindet die Lust, aber das Schlechte bleibt.   *Musonius Rufus*

Dsï Gung fragte und sprach: »Gibt es ein Wort, nach dem man das ganze Leben hindurch handeln kann?« Der Meister sprach: »Die Nächstenliebe. Was du selbst nicht wünschest, tu nicht an andern.«

Kungfutse

Die meisten Menschen beklagen sich über die Mißgunst der Natur, weil wir nur für kurze Zeit geboren werden, weil diese uns geschenkte Zeitspanne so rasch, so rasend schnell ablaufe, so daß, wenige ausgenommen, die übrigen mitten in der Vorbereitung auf das Leben es verlassen müssen. Indessen unsere Lebenszeit ist nicht klein, aber wir verschwenden viel davon. Das Leben ist uns lang und reichlich genug zugemessen, um die größten Aufgaben zu lösen, wenn es nur in seinem ganzen Umfang gut angewendet würde. Aber wenn es in Üppigkeit und Gleichgültigkeit zerrinnt, wenn es zu keinem guten Zweck verwendet wird, dann merken wir erst, daß es vorbei ist, wenn die letzte

Notwendigkeit uns dazu zwingt, deren Heran-
nahen wir nicht bemerkten. Warum beklagen wir
uns also über die Natur? Sie hat es gut mit uns ge-
meint. Wenn du das Leben zu gebrauchen weißt,
so ist es lang. *Lucius Annaeus Seneca*

Auch der Weise wird sich Eigentum erwerben; aber
zu welchem Zweck? Etwa zum Zwecke des Lebens? Aber das Leben ist gleichgültig. Oder zum
Zwecke der Lust? Auch sie ist gleichgültig. Oder
um der Tugend willen? Aber sie genügt ja für sich
allein zum Glück. Lächerlich sind auch folgende
Arten des Erwerbs: Von einem Fürsten, denn man
wird von ihm abhängig werden; oder von einem
Freunde, dann wird die Freundschaft käuflich um
Gewinn; oder durch die Philosophie: Dann wird
diese zur Lohndienerin. *Chrysippos*

Der ausschließliche Gedanke an Geld oder irdische
Güter bringt uns am Ende auf jene ausgetretenen
und vollgedrängten Allerweltsstraßen, wo Sorge
und Enttäuschung, Verfall und Tod unserer harren.
So gewonnener Besitz macht den Menschen nicht
glücklich. *Prentice Mulford*

Zeit ist keine Schnellstraße
zwischen Wiege und Grab,
sondern Platz zum Parken in der Sonne.
Heute leben!
Heute lächeln!
Heute glücklich sein!

Phil Bosmans

Wie wir uns auch nennen mögen, was für Gewän-
der wir auch anlegen mögen, und womit und bei
welchen Priestern wir uns salben mögen, so viel
Millionen wir auch haben mögen, wieviel Schutz-
wachen auf unserem Weg stehen mögen, wieviel
Polizeimänner unsere Reichtümer bewachen mögen, wieviel sogenannte Verbrecher, Revolutionäre,
Anarchisten wir hinrichten mögen, welche Taten
wir selbst vollbringen mögen, welche Staaten wir
gründen, welche Festungen und Türme vom ba-
bylonischen bis zum Eiffelturm wir errichten mögen – vor uns stehen stets zwei unabwendbare
Bedingungen unseres Lebens, die seinen ganzen
Inhalt vernichten: 1. der Tod, der jeden Augenblick
jeden von uns treffen kann, 2. die Vergänglichkeit
aller von uns vollbrachten Dinge, die gar schnell
spurlos zunichte werden. Was wir auch tun mögen,
ob wir Reiche gründen, Paläste und Denkmäler

errichten, Gedichte und Lieder schaffen – alles das ist von kurzer Dauer, alles geht vorüber, ohne eine Spur zurückzulassen. Und so sehr wir uns dies auch verbergen mögen, wir können doch nicht blind sein dagegen, daß der Inhalt unseres Lebens nicht in unserem persönlichen Dasein, das unabwendbarem Leiden und dem vermeintlichen Tode unterworfen ist, noch in irgendeiner weltlichen Einrichtung oder Ordnung bestehen kann.

Lew Nikolajewitsch Tolstoi

Der Meister sprach: »Nicht wahr, Schen, meine ganze Lehre ist in Einem befaßt.« Meister Dsong sprach: »Ja.« Als der Meister hinaus war, fragten seine Schüler und sprachen: »Was bedeutet das?« Meister Dsong sprach: »Unsres Meisters Lehre ist Treue gegen sich selbst und Gütigkeit gegen andre: Darin ist alles befaßt.«   *Kungfutse*

Nur durch Beziehung aufs Unendliche entsteht Gehalt und Nutzen; was sich nicht darauf bezieht, ist schlechthin leer und unnütz.

Friedrich von Schlegel

Einfach leben! Eine einfache Lebensweise ist jetzt
schwer: Dazu tut vielmehr Nachdenken und Er-
findungsgabe not, als selbst sehr gescheite Leute
haben. Der Ehrlichste von ihnen wird vielleicht
noch sagen: »Ich habe nicht die Zeit, darüber so
lange nachzudenken. Die einfache Lebensweise ist
für mich ein zu vornehmes Ziel, ich will warten,
bis Weisere, als ich bin, sie gefunden haben.«

Friedrich Nietzsche

Eigentümlich, daß Menschen von großen Verdien-
sten stets einfach sind, und daß Einfachheit für ein
Zeichen von geringer Tüchtigkeit gilt.

Giacomo Leopardi

Ein reißender Strom ist die Urkraft des Weltalls. Alles treibt auf ihm dahin. Wie unbedeutend sind
doch auch diese Staatsgeschäfte und die, wie sie
glauben, nach den Grundsätzen der Philosophie
handelnden Menschlein! Alles ein Nasenwasser!
Was willst du nun tun, Mensch? Vollbringe, was die
Natur jetzt von dir fordert! Fasse deinen Entschluß,
wenn die Möglichkeit dazu gegeben ist, und schau
dich nicht um, ob es jemand erfährt! Warte nicht
auf den platonischen Zukunftsstaat, sondern sei zufrieden, wenn es auch nur ein klein wenig vorwärts

geht, und schätze auch die Verwirklichung eines solchen kleinen Fortschritts nicht gering!

Marc Aurel

Häufig betrachte ich das Leben so wie ein Zuschauer, gleichsam als hätte ich keinen Anteil daran. Und nur bei dieser Betrachtungsweise sieht man es richtig.

Lew Nikolajewitsch Tolstoi

Wenn wir auf die Nichtigkeiten, die eine Vergeudung unserer Kräfte im kleinen bedeutet, genügend achtgeben, werden wir einem vorzeitigen Verschleiß hindernd in den Weg treten. Wir müssen über solchen Dingen stehen und immer Meister des Augenblicks sein.

Prentice Mulford

Es gibt nichts Neues unter der Sonne, aber es gibt doch unzählige Dinge, die uns heute unbekannt sind. Wir haben kaum noch den Saum unseres wirklichen Lebens berührt und wissen wenig, was es denn eigentlich heißt, zu leben!

Prentice Mulford

Der Mensch ist nicht geboren, die Probleme der Welt zu lösen, wohl aber zu suchen, wo das Problem angeht, und sich dann in der Grenze des Begreiflichen zu halten. Das schönste Glück des denkenden Menschen ist, das Erforschliche erforscht zu haben und das Unerforschliche ruhig zu verehren.   *Johann Wolfgang von Goethe*

Töricht ist bei allem Verstand der Mann, welcher keinen *Herrn* kennt, – welcher in seinem Herzen gesagt hat – es ist kein Gott – kein Gesetz. Der Weise kennt seinen Herrn. Von niederer oder höherer Weisheit nimmt er niedere oder höhere *Herren* wahr; aber immer ein Wesen größer als er selbst – ein Gesetz höher als sein eigenes.   *John Ruskin*

Der Meister sprach: »Sï, du hälst mich wohl für einen, der vieles gelernt hat und es auswendig, kann?« Er erwiderte und sprach: »Ja, ist es nicht so?«. Der Meister sprach: »Es ist nicht so; ich habe Eines, um alles zu durchdringen.«   *Kungfutse*

Nicht daß einer alles wisse, kann verlangt werden, sondern daß er, indem er um eins weiß, um alles wisse.

Hugo von Hofmannsthal

Einer, der gefragt wurde, was auf der Welt das Seltenste sei, erwiderte: Das, was alle besitzen sollten, nämlich der gesunde Menschenverstand.

Giacomo Leopardi

In Hinsicht auf den Begriff ›Erfahrung‹ gibt es zwei unangenehme Sorten von Leuten: Die, denen Erfahrung mangelt, und die, welche sich auf Erfahrung zu viel zugute tun.

Hugo von Hofmannsthal

Ob man will oder nicht, man muß sagen, die größte Weisheit ist das Wissen darum, daß es sie nicht gibt.

Lew Nikolajewitsch Tolstoi

Worte, die Leben verändern –
Wegbegleiter durch die Zeit

ANNE MORROW
LINDBERGH
Worte wie Muscheln
ISBN 3-451-26929-5

ANTOINE DE SAINT-
EXUPÉRY
Worte wie Sterne
ISBN 3-451-26932-5

CHRISTIAN MORGENSTERN
Worte des Lächelns
ISBN 3-451-27222-9

ALBERT SCHWEITZER
Worte über das Leben
ISBN 3-451-27035-8

NORMAN VINCENT PEALE
Worte positiver Kraft
ISBN 3-451-26930-9

THICH NHAT HANH
Worte der Achtsamkeit
ISBN 3-451-27040-4

RAINER MARIA RILKE
Worte, die verwandeln
ISBN 3-451-26931-7

WEISHEIT DER INDIANER
Worte wie Spuren
ISBN 3-451-26933-3

Herder
Freiburg · Basel · Wien